Etiqueta
Empresarial

e Marketing Pessoal

Etiqueta Empresarial

e Marketing Pessoal

Roberto Palmeira

ALTA BOOKS
EDITORA
Rio de Janeiro, 2014

Etiqueta Empresarial e Marketing Pessoal
Copyright © 2014 da Starlin Alta Editora e Consultoria Eireli. ISBN: 978-85-7608-844-8

Todos os direitos reservados e protegidos por Lei. Nenhuma parte deste livro, sem autorização prévia por escrito da editora, poderá ser reproduzida ou transmitida.

A editora não se responsabiliza pelo conteúdo do texto formulado exclusivamente pelo autor.

Erratas e arquivos de apoio:: No site da editora relatamos, com a devida correção, qualquer erro encontrado em nossos livros bem como disponibilizamos arquivos de apoio se aplicável ao livro. Acesse o site www.altabooks.com.br e procure pelo título do livro desejado para ter acesso as erratas e/ou arquivos de apoio.

Marcas Registradas: Todos os termos mencionados e reconhecidos como Marca Registrada e/ou Comercial são de responsabilidade de seus proprietários. A Editora informa não estar associada a nenhum produto e/ou fornecedor apresentado no livro.

Impresso no Brasil — 1ª Edição, 2014

Produção Editorial Editora Alta Books **Gerência Editorial** Anderson Vieira **Editoria Nacional** Letícia Vitoria de Souza Livia Brazil Milena Lepsch Thiê Alves	**Supervisão Gráfica** Angel Cabeza **Supervisão de Qualidade Editorial** Sergio Luiz de Souza	**Design Editorial** Aurélio Corrêa Auleriano Messias	**Captação e Contratação de Obras** Cristiane Santos J. A. Rugeri Marco Pace autoria@altabooks.com.br	**Vendas Atacado e Varejo** Daniele Fonseca Viviane Paiva comercial@altabooks.com.br **Marketing e Promoção** marketing@altabooks.com.br **Ouvidoria** ouvidoria@altabooks.com.br
Equipe Editorial	Claudia Braga Eduarda Girard Hannah Carriello	Marcelo Vieira Mayara Coelho Milena Souza	Natália Gonçalves Raquel Ferreira Rodrigo Araujo	
Revisão Gramatical Duo Target Comunicação e TI		**Diagramação** Futura	**Layout e Ilustrações** Aurélio Corrêa	**Capa** Angel Cabeza Aurélio Corrêa

Dados Internacionais de Catalogação na Publicação (CIP)

> P172e Palmeira, Roberto.
> Etiqueta empresarial e marketing pessoal / Roberto Palmeira. –
> Rio de Janeiro, RJ : Alta Books, 2014.
> 192 p. : il. ; 21 cm.
>
> Inclui bibliografia e índice.
> ISBN 978-85-7608-844-8
>
> 1. Etiqueta. 2. Etiqueta empresarial. 3. Marketing pessoal. I. Título.
>
> CDU 395
> CDD 395.52

Índice para catálogo sistemático:
1. Etiqueta   395

(Bibliotecária responsável: Sabrina Leal Araujo – CRB 10/1507)

Rua Viúva Cláudio, 291 — Bairro Industrial do Jacaré
CEP: 20970-031 — Rio de Janeiro
Tels.: 21 3278-8069/8419 Fax: 21 3277-1253
www.altabooks.com.br — e-mail: altabooks@altabooks.com.br
www.facebook.com/altabooks — www.twitter.com/alta_books

Dedicatória

Ao meu presente, sempre presente!

Minha Kátia, esposa e companheira, fiel escudeira de todas as horas, nesses trinta e tantos anos de vida em comum.

Minha filha guerreira Karol e meu genro Benício pela colaboração e por tudo que representam para mim.

Minha filha Karen e meu genro Ricardo, pelo interesse e incentivo na elaboração deste livro e por terem me presenteado com três lindos e saudáveis netos.

Ao meu passado, sempre presente!

Meus pais e irmãos.

Minha sogra Solange.

Minha família espiritual.

A todos vocês, razões da minha vida,

OBRIGADO!

APRESENTAÇÃO

Antes de tratarmos especificamente do tema "Etiqueta na empresa", gostaria de relatar alguns dos fatos que me levaram a pesquisar e escrever sobre o assunto. São várias situações que narrarei durante o desenvolver deste trabalho e que tiveram origem em minha viagem de estudos à Europa, onde vivenciamos o cotidiano das principais escolas hoteleiras da Itália, França, Espanha e Portugal.

Eu era diretor de uma instituição de ensino profissionalizante e estava lotado em um departamento regional na região norte do país, quando recebi um convite para uma viagem à Europa onde poderíamos, durante 40 dias, vivenciar suas escolas de formação profissional e suas principais escolas hoteleiras. Fomos convocados ao Departamento Nacional para um período de treinamento antes de embarcarmos, onde nos foram passadas todas as informações e dicas para a tal viagem; diga-se de passagem, um excelente trabalho do setor de Recursos Humanos.

Chegou o grande dia, ou melhor, a grande noite. Muitos de nós iríamos realizar o grande sonho de nossas vidas: visitar, mesmo que a trabalho, a Europa. Com as malas — muitas — nos carrinhos e um manual de orientação nas mãos, lá fomos nós, os dezesseis mosqueteiros da formação profissional, rumo ao quase desconhecido continente europeu.

Sentado no saguão do aeroporto internacional do Galeão e já com saudade da minha família, comecei a olhar em volta e ver o quão diferentes são as pessoas, sejam elas de qualquer faixa etária, idade, cor, credo ou cultura e como são diferentes seus costumes. Apesar das diferenças, quase todas comprometem seu marketing pessoal "pagando grandes micos" por desconhecerem algumas pequenas normas de **etiqueta social**, principalmente no trabalho e em viagens de negócios.

A partir desse momento e durante a viagem, com base em fatos reais, fui amadurecendo a ideia de escrever sobre o assunto, o que resultou no presente trabalho.

SUMÁRIO

INTRODUÇÃO .... **XI**
    Breve Reflexão XII
    Etiqueta Social — Para que Serve? XIII

PRINCÍPIOS BÁSICOS DA BOA EDUCAÇÃO **1**
    O que É Ser Bem-educado 2
    Procure Educar a Sua Mente 5

MARKETING PESSOAL: COMO SER ELEGANTE EM SUA VIDA PESSOAL **7**
    No Dia a Dia 7
    Convivência em Espaços Públicos: Cinemas,
       Teatros e Shows 12
    Cartões de Visita e Convites Impressos 13
    Cuidado com o MICO — Procedimentos Errados 17

IMAGEM PESSOAL: SE BEM CUIDADA, ABRE AS PORTAS PARA O SUCESSO **21**
    A Linguagem Corporal 21
    A Linguagem Corporal e a Elegância ao Vestir 24
    Checklist de um Guarda-roupa Funcional 28
    Ternos e Paletós 29
    Camisas: Social ou Esporte 37
    A Escolha da Gravata 41
    Calças 48
    Bermudas 51
    Cintos 51
    Meias 52
    Calçados 52
    Bolsas e Cachecóis 55
    Ternos Femininos 58
    Tipos de Trajes 60
    Etiquetas 63
    Visagismo 64
    Conferindo o Visual: Detalhes que Fazem a Diferença ... 67

VIAJANDO A NEGÓCIO: COMO PASSAR UMA BOA IMPRESSÃO **73**

Planejando a Bagagem Adequada 73

Viagens de Navio 78

Viagens de Avião...86

Viagens de Ônibus e Trem..90

Saber Ser Hóspede e Hospedeiro 93

MARKETING PROFISSIONAL: CONQUISTANDO PESSOAS SABENDO FALAR BEM EM PÚBLICO **101**

Falar em Público: O Grande Desafio.....................................102

Ser Honesto Consigo Mesmo...108

Buscando Referências.. 112

As Principais Características dos Oradores
Fora de Série 113

As Modalidades de Apresentações 116

Planejando e Memorizando Sua Apresentação.....................120

RESTAURANTES: COMO SE PORTAR EM ALMOÇOS OU JANTARES DE NEGÓCIOS **125**

Almoço ou Jantar de Negócios: Rituais Básicos...................126

Comportamento à Mesa: Dicas Básicas...............................128

Tipos de Serviços 133

Hierarquia à Mesa...137

Como Servir à Mesa...140

Comidas Exóticas: Armadilhas à Mesa 142

Outros Tipos de Alimentos: Dicas Importantes 150

Gafes Imperdoáveis à Mesa 156

ETIQUETA EMPRESARIAL: CONVIVENDO NA CORTE **159**

Como Presentear e Ser Presenteado....................................159

Como Proceder em Comemorações
Internas da Empresa 160

Participando de Palestras, Conferências
e Outros Eventos..164

Relacionamento com a Imprensa.. 167

CONSIDERAÇÕES FINAIS **171**

REFERÊNCIAS BIBLIOGRÁFICAS **173**

ÍNDICE **175**

Introdução

Baseado em experiências de vida e alicerçado na bibliografia disponível, reuni algumas dicas básicas de comportamento e atitudes que poderão melhorar seu convívio familiar, profissional e social.

Acreditamos que, no decorrer do trabalho, o leitor irá se deparar com situações que já presenciou, despertando-o para a importância de agir com naturalidade, autoconfiança e urbanidade em qualquer situação que se encontre, seja em família, no trabalho ou em seu convívio social, bastando para tanto observar algumas regras básicas de conduta humana adotadas e aceitas mundialmente.

Dessa forma, gostaríamos de deixar claro que o assunto aqui desenvolvido não se trata de "receita de bolo", pois tais regras devem ser colocadas em prática nos momentos e situações adequados, levando em conta todo o cenário e os atores participantes. Agindo assim, as regras de boas maneiras serão incorporadas de forma natural e aplicadas espontaneamente, afastando a ideia de serem superficiais, afetadas e, sobretudo, falsas.

Não existe uma definição universal para ETIQUETA, por isso vamos tomar por base a constante no livro *Etiqueta Empresarial*, de Maria Araújo.

"Etiqueta é um conjunto de pressupostos, consagrados pelos vários grupos sociais, que buscam a sobrevivência harmônica e o entendimento entre as pessoas".

Ou seja, etiqueta é o código do bem viver, o direcionamento das atitudes visando o bem comum.

Breve Reflexão

Iniciando uma reflexão livre sobre o tema, podemos dizer que o humano é um ser gregário. Não conseguindo viver só, agrupa-se com seus semelhantes, formando grupos com objetivos comuns e buscando, além da sobrevivência, paz, conforto, felicidade e qualidade de vida. Todo ser humano normal nasce e cresce desejando ser feliz e bem-sucedido na vida, buscando no relacionamento interpessoal a base para a construção de tal felicidade.

Isso nos leva a concluir que as outras pessoas estão diretamente ligadas à nossa felicidade e à nossa frustração. Para que esse relacionamento seja bom e duradouro, é necessário que seja vantajoso para ambos os lados, possibilitando que eles satisfaçam as nossas expectativas e, ao mesmo tempo, resultem em bem-estar para os outros. Essa não é uma situação fácil, pois tratamos com seres humanos e todo seu universo mental, tornando-o um ser único, ou seja, um pequeno mundo no mundo em que vivemos.

No decorrer de nossas vidas, somos atores representando diversos papéis em inúmeros cenários, voltando a ser nós mesmos só quando deitamos e conversamos com nosso fiel confessor: o travesseiro, o único que nos escuta sem exigir nada em troca. Ao acordarmos, pela manhã, atuamos no cenário familiar, onde representamos o papel de pai, mãe, filho, filha, irmão, irmã, sogro, sogra, etc., atuando com outros atores que contracenam conosco. São pessoas como nós, únicas, se relacionando conosco dentro de um espaço a ser dividido igualmente entre todos. É na família que se inicia a prática da etiqueta.

Existe um ditado popular que diz: "Se você não está contente com aquilo que está ouvindo, preste atenção naquilo que está falando". O relacionamento interpessoal se dá segundo o princípio do espelho: nosso comportamento se reflete nas atitudes do outro. A resposta que nos chega é o reflexo da mensagem que emitimos.

Em nosso cotidiano, convivemos com inúmeras pessoas, umas de trato difícil, outras suscetíveis, outras de fácil relacionamento e depende de nós as ações e as atitudes das outras pessoas. Se formos simpáticos, receberemos simpatia em troca. Quando sorrimos, a pessoa "do espelho" também sorri. Comece agora, adotando as atitudes e as ações que deseja receber das outras pessoas.

Etiqueta Social — Para que Serve?

- Ajuda em seus relacionamentos pessoais, sociais e profissionais;
- Ajuda a arrumar um ótimo emprego;
- Ajuda a conquistar e manter clientes;
- Ajuda a ser um líder;
- Torna você sempre bem-vindo em qualquer lugar;
- Ajuda a fazer e conservar amizades;
- Dá as ferramentas para trabalhar em equipe;
- Ajuda a fazer bons negócios no mundo todo;
- Dá segurança em ocasiões cerimoniosas;
- Orienta sobre a roupa certa para diversas ocasiões;
- Ensina a respeitar o semelhante;
- Dá consciência social;
- Ensina a ser um bom cidadão;
- Ajuda a educar os filhos;
- Faz você ser e parecer bem-educado;
- **Deixa a vida mais leve.**

CAPÍTULO 1
PRINCÍPIOS BÁSICOS DA BOA EDUCAÇÃO

Você já parou para pensar como está a sua vida pessoal, o seu trabalho, a sua empresa e os seus colaboradores? Tenho certeza que sim e, talvez, as respostas não sejam nada animadoras. Como a maioria das pessoas, você deve ter mais momentos ruins do que momentos bons. A vida, tanto pessoal quanto empresarial, é idêntica a um pote de balas onde balas doces e azedas estão misturadas. Dependendo da quantidade de balas de cada uma, teremos um pote doce ou um pote azedo. Traga essa analogia para sua vida e procure colocar em sua mente mais pensamentos "doces", eliminando, na medida do possível, os pensamentos "azedos". Tente sair de seu próprio casulo!

Tá legal, isso é fácil de falar, o difícil é fazer. Viaje comigo e veja como é possível harmonizar nossa vida pessoal ou empresarial e eliminar a maioria das balas azedas de nosso pote. A felicidade completa e permanente não existe. Se existisse, seria chata demais. Você já pensou nisso? Ao inserir em sua vida algumas práticas de etiqueta social, você poderá não eliminar totalmente suas "balas azedas", mas, em contrapartida, aumentará o estoque de "balas doces". Coloque-a em prática no seu cotidiano, até incorporá-la de forma natural e espontânea em sua vida.

Veja como é fácil:

- Seja cortês e sociável e, ao mesmo tempo, mantenha uma atitude positiva, simpática e natural;

- Pareça príncipe quando estiver entre príncipes e pareça simples quando estiver entre pessoas simples. Transite em todos os ambientes com naturalidade;

- Saiba que a verdadeira cortesia é pensar no outro antes de pensar em você mesmo. Tenha tolerância e boa vontade com os outros;

- A verdadeira educação consiste em ouvir coisas que conhecemos perfeitamente, ditas por pessoas que as ignoram;

- Conviver em sociedade é saber que se deve comemorar em público e chorar em particular;

- Ria das besteiras que fizer. Autocrítica é sinal de inteligência.

Antes de continuarmos a falar sobre etiqueta social, gostaria de refletir com você, leitor, sobre nossa participação no mundo em que vivemos.

É comum ouvirmos afirmativas como "Tô nem aí com as queimadas na Amazônia, moro longe de lá", ou "Estão dizimando as baleias, mas e daí? Não gosto da carne delas mesmo". Muitas pessoas acham que suas vidas são o reflexo delas mesmas e que seus atos não irão interferir nas outras pessoas, nas famílias, nas cidades, nos estados ou em todo o planeta. As pessoas que assim pensam são como pássaros que nasceram para ser livres, mas são aprisionadas na gaiola da ignorância, incompreensão e visão pequena em relação ao que acontece ao seu redor. São presas por paradigmas impostos por uma sociedade cada vez mais injusta e cruel, ou seja, são aprisionadas dentro delas mesmas. Com uma visão ampla, onde sensação, sentimento, razão e intuição se equilibram e se reforçam, esses "pássaros" se transformam em pessoas plenas e felizes.

Sejamos não apenas uma peça isolada, mas parte atuante do sistema, como indivíduo interagindo com a comunidade e a natureza, criando uma consciência pessoal, social e universal. Isso é simples, basta colocar em prática os princípios básicos da boa educação e nos tornaremos pessoas educadas e conectadas com o mundo.

O que É Ser Bem-educado

É comum ouvirmos a seguinte expressão "'Fulano de tal' é um *gentleman*". Traduzindo para a língua pátria, veremos que trata-se de um homem cavalheiro, gentil e educado. São pessoas com bons modos, conhecedoras de diversos assuntos e que circulam com elegância em todos os eventos, sejam eles de qualquer nível social ou cultural. A boa educação é um modo de agir, uma maneira de enxergar o mundo com bons olhos. Ser educado não é apenas cumprir as regras de etiqueta, mas uma característica intimamente ligada ao caráter, aos valores e à ética. Para se tornar uma pessoa educada, além dos conhecimentos pessoais, é necessário estar sempre atento sobre o modo como você se relaciona consigo mesmo, com seus semelhantes e com o mundo.

Para que possamos entender melhor o que é ser bem-educado, vamos ver o outro lado da moeda: as características do que é uma pessoa mal educada. Na nossa interpretação, uma pessoa mal educada é aquela que sempre deixa a desejar no trato com as outras pessoas, sendo arrogante, grosseira e desrespeitosa para com seus pares, tornando-se *persona non grata* em qualquer local. Podemos concluir, portanto, que é muito melhor ser elegante e bem-educado, tendo um padrão correto de conduta e caráter, possuir maneiras elegantes, expressar-se corretamente através da linguagem oral e corporal, manter amizades, escrever com segurança e conduzir adequadamente seu trabalho ou negócio.

Ser bem-educado é, também, adotar atitudes que não gerem constrangimento aos demais, tornando-se uma pessoa confiável, sabendo guardar segredos, sendo discreto em suas relações amorosas, passando longe de polêmicas sobre assuntos pessoais e mantendo sigilo sobre correspondências e telefonemas de terceiros. Em suas relações de amizade, é conveniente sempre avisar antes de fazer qualquer tipo de visita e bater na porta antes de entrar em qualquer aposento. Já quando visitar uma pessoa doente, conserve uma distância mínima de cinquenta centímetros do interlocutor, mantendo uma distância maior se o doente se encontrar acamado. Ao conversar, não fique olhando para o relógio insistentemente, demonstrando pressa. E, em hipótese alguma, ria à custa dos outros ou aponte para as pessoas com o dedo indicador em riste.

É bom também, em lugares fechados, tirar os óculos escuros para conversar com as pessoas.

Em qualquer lugar, ao assoar o nariz, bocejar, tossir ou espirrar, faça-o discretamente, colocando a mão na frente. Lembre-se de que não é educado dizer "saúde" a alguém que espira. É melhor ficar calado. E não assobie em público, essa atitude demonstra falta de educação.

E duas dicas muito importantes: adote sempre vestimentas discretas e adequadas ao participar de funerais e sempre jogue o lixo em locais apropriados, evitando multas e transtornos futuros.

Comportar-se de modo a respeitar as diferenças entre as pessoas é outra maneira de mostrar que você é bem-educado, com ações como:

- Tratar todo mundo como gostaria de ser tratado;

- Evitar pedir empréstimos. Se o fizer, sempre devolver os objetos intactos ou, se for dinheiro, pagar o mais rápido possível;

- Evitar também pedir favores;

- Não marcar de batom colarinhos, golas, guardanapos, toalhas de rosto e lavabo, ou os rostos das pessoas;

- Desocupar rapidamente o telefone público;

- Evitar gíria no vocabulário;

- Eliminar o palavrão da linguagem;

- Saber que nem todas as verdades devem ser ditas;

- Controlar, a todo custo, sua curiosidade;

- Aceitar as recusas das outras pessoas;

- Esperar que o outro acabe de falar, antes de interpor um aparte;

- Homens devem aguardar que as mulheres se sentem primeiro;

- Saber que sempre se aprende algo com o outro;

- Manter a serenidade diante de opinião contrária;

- Reservar-se o direito de não dar conselhos que não foram pedidos;

- Ter sutileza ao contradizer ou discordar.

Saber escolher o comportamento certo para cada ocasião também conta muito. Alguns exemplos:

- Portar-se com elegância à mesa;

- Mentir com diplomacia, para não ferir a outra pessoa;

- Saber perder no jogo, sem apelar para ofensas e impropérios;

- Ganhar as competições sem se gabar;
- Defender as próprias opiniões com sutileza, mas sem imposição;
- Suavizar o "não", evitando magoar as outras pessoas;
- Divertir-se com discrição, sem manifestações de vulgaridade;
- Disfarçar incômodos físicos, quando no convívio social;
- Demonstrar, nas circunstâncias constrangedoras, não ter olhos, ouvidos ou olfato;
- Jamais demonstrar curiosidade com assuntos que não lhe dizem respeito;
- Nunca desconsiderar os menos qualificados, tanto nas circunstâncias profissionais quanto nas sociais;
- Ter inteligência, perspicácia e discernimento para saber quando seguir ou não as regras de etiqueta.

Procure Educar a Sua Mente

Agora que já nos familiarizamos com os princípios básicos da boa educação, vamos libertar nossas ideias e deixar de enxergar o mundo como partículas, passando a enxergá-lo como um todo integrado, um organismo. Vamos enxergar o mundo através de uma **visão holística.**

A visão holística está mais para uma forma de pensar e de perceber a realidade do que para um modelo.

Conforme o dicionário Aurélio, **holismo** é um substantivo masculino que significa *"atitude filosófica que busca tudo abranger"*. Segundo a visão holística, um sistema, qualquer que seja, não pode ser explicado apenas pela soma de seus componentes, mas pelo comportamento das partes que o compõem. Como indivíduos, somos pequenas células que se agrupam com outras semelhantes para a formação de outras células, que, também agrupadas, formam a célula maior que é o mundo em que vivemos. Veja nossa responsabilidade, pois somos responsáveis diretos pelos rumos que o mundo tomar no futuro. Devemos refletir e estar preparados para ver o mundo dessa forma.

CAPÍTULO 2

MARKETING PESSOAL: COMO SER ELEGANTE EM SUA VIDA PESSOAL

No Dia a Dia

Depois de uma noite bem dormida, você levantou disposto, tomou uma boa ducha, escolheu e vestiu a roupa adequada para o dia. Após sair de casa, procure incorporar em seu cotidiano algumas das regras abaixo e, com certeza, iniciará bem o seu dia. Pratique, você irá gostar do resultado.

- Não prenda o elevador e, ao entrar, cumprimente quem lá estiver;

- Sempre cumprimente porteiros e garagistas;

- Procure memorizar o nome dessas pessoas e dirija-se sempre a elas falando seus nomes;

- Ao sair de carro, pense primeiro no melhor trajeto a tomar, para não se atrasar;

- Se tiver que caminhar para tomar um coletivo, cumprimente, pelo menos com um aceno de cabeça, qualquer conhecido que encontrar no percurso;

- Procure caminhar com postura ereta e ombros alinhados, projetando a imagem de quem está de bem com a vida;

- Cuidado para não pisar em fezes caninas, hoje sempre presentes nas calçadas. Se possuir animal, seja consciente procurando sempre recolhê-las;

- Tome cuidado com buracos e desníveis;

- Quando parar para conversar com alguém, deixe a calçada livre para os demais transeuntes. Evite também prender a pessoa com conversas longas, pois ela também pode estar com pressa;

- Ceda sempre a passagem, não force;

- Evite incidentes desagradáveis: não emita julgamentos em voz alta sobre política, futebol, religião ou temas polêmicos;

- Não discuta com quem o acompanha;

- Cuide para que seu guarda-chuva não atinja as pessoas. Quando fechado, conserve-o junto ao corpo;

- Busque não esbarrar nas pessoas, mas, se acontecer, peça desculpas;

- O homem caminha na calçada do lado do meio fio, deixando o lado de dentro para sua acompanhante, senhoras e idosos;

- Se houver três pessoas caminhando juntas, o lugar de honra é o centro;

- No metrô, cumprimente o bilheteiro, observe a fila e não peça a um amigo para comprar a passagem, pois quem está esperando sempre percebe a manobra;

- Nos ônibus, cumprimente o cobrador e o motorista;

- Ao entrar em qualquer lugar, saiba que a preferência é de quem sai. É uma norma de circulação que evita muitos atropelos;

- Ceda sempre o lugar a idosos, portadores de necessidades especiais e gestantes, mesmo não estando nos assentos a eles destinados.

Dirigindo seu carro com elegância

Caso você não utilize transporte coletivo e opte por seu próprio veículo, procure cumprir algumas das dicas abaixo e verá que o trânsito não é tão ruim assim.

- Só buzine em caso de extrema necessidade;

- Respeite a vez de quem aguarda uma vaga para estacionar;

- Ao estacionar, não ocupe duas vagas, pensando que está sozinho no mundo;
- Respeite os acostamentos, não os utilize como pista de ultrapassagem;
- Obedeça a sinalização;
- Deixe as calçadas para os pedestres, muitos com carrinhos de bebê e cadeiras de roda;
- Em dias de chuva, desvie das poças para não atingir nenhum pedestre com banhos de água suja;
- Ouça o rádio do carro em volume civilizado;
- Espere com paciência pelos retardatários;
- Aguarde com educação que o pedestre termine de atravessar a rua;
- Abra caminho para ambulâncias e bombeiros;
- Não fume no carro e não jogue lixo pela janela;
- Regule o ar-condicionado visando o conforto de todos, não só o seu próprio;
- Se tiver que desembarcar senhoras e idosos em algum lugar para depois estacionar, priorize a atenção que deve ser dada a eles;
- Consulte os demais passageiros sobre deixar ou não o vidro aberto;
- Verifique se os passageiros que viajam no banco de trás estão confortáveis e, se necessário, reposicione os assentos dianteiros.

Comportamento adequado em elevadores sociais e comerciais

Use os elevadores com parcimônia. Por ser um espaço público, sua utilização deve ser dentro de regras próprias e leis municipais e estaduais. Seja educado no elevador e verá sua imagem pessoal ser melhorada.

Veja algumas dicas:

- Saiba que no elevador é deselegante conversar em voz alta e falar ao telefone celular;

- Ao entrar, cumprimente o ascensorista e, ao sair, agradeça;

- Previna, a quem entrar, se houver desnível;

- Deixe entrar primeiro quem já estiver esperando, mas é sempre educado o homem ceder a vez para a mulher e o mais jovem fazer o mesmo com os mais velhos;

- O homem deve ceder sempre a vez às senhoras e segurar a porta para que elas passem. Se possível, perguntar o andar e apertar o botão para elas;

- Ensine as crianças a adotar o mesmo procedimento gentil com os adultos;

- Tenha o bom senso para agir com objetividade e gentileza em elevadores comerciais, mas nem sempre é possível ceder a preferência às senhoras. Paciência;

- Desloque-se para fora se algum passageiro que estiver no fundo quiser sair;

- Dê sempre o famoso "passinho atrás", para que outra pessoa possa entrar;

- Aceite e passe sem hesitação quando alguém lhe ceder a passagem;

- Aperte o botão de chamada correto, para subir ou descer se for o caso, evitando perda de tempo para os outros. Elevador não é brinquedo;

- Aguarde por pessoas que se aproximem correndo, verificando se irão usar o mesmo elevador.

Seja pontual em todos os seus compromissos

A pontualidade é um dos pressupostos básicos das boas maneiras. Respeitar o tempo das pessoas é uma marca dos bem-educados. Nenhuma desculpa ou justificativa atenua o mal-estar causado por um retardatário. Deixar as pessoas esperando é falta de educação.

A pontualidade é fundamental no mundo dos negócios, pois o indivíduo representa toda uma corporação. Atrasos afetam a imagem não só do indivíduo como a da empresa e, muitas vezes, acarretam na perda de negócios. O profissional de qualquer nível hierárquico que sempre chega atrasado revela-se displicente e desorganizado. O controle do próprio tempo é uma competência cada vez mais valorizada pelo mercado. Compete ao profissional ser correto com a empresa e não marcar compromissos particulares durante o expediente. Tais compromissos não estão incluídos no contrato de trabalho e, portanto, perturbam o andamento do serviço e, em alguns casos, sobrecarregam os colegas. Até segunda ordem, cumpra os horários.

Chefes e executivos mais graduados devem ser rigorosamente pontuais com todos na empresa. Não devem se beneficiar da hierarquia, valendo-se dela como beneplácito para atrasos. Da mesma forma que o atraso, o adiantamento pode causar transtornos. Na empresa, o chefe madrugador perturba todo o pessoal, encarregado de atender às suas necessidades.

No Brasil, em compromissos sociais, a regra é chegar quinze minutos após a hora marcada no convite. Para os compromissos profissionais, a ordem é pontualidade absoluta. No resto do mundo, siga à risca o horário estabelecido.

Quando houver atrasos, como proceder?

Apesar de você ter tomado todas as precauções para chegar a tempo em seu compromisso, houve um imprevisto e você se atrasará. Seja sincero, elimine desculpas esfarrapadas, tais como congestionamento, metrô enguiçado, pneu do carro furado, etc. Falta de estacionamento também é uma desculpa que depõe contra a pessoa. Hoje em dia, com o advento dos telefones celulares, qualquer atraso imprevisto deve ser comunicado imediatamente. Se o atraso for previsto, o aviso deve ser dado com a máxima antecedência. Sempre que marcar compromissos, colete informações sobre o endereço, trajeto, distância e disponibilidade de vagas para estacionamento do carro.

Chegar atrasado a reuniões também é causa de vários transtornos. Você interrompe a condução do assunto e desconcentra o líder, além de não ter tempo de conhecer os demais participantes, pegar o assunto já iniciado sem saber quanto dele já foi tratado e perder o timing para introduzir o seu assunto, sem saber se o mesmo já foi discutido.

Se alguém lhe aguarda na recepção e uma reunião surpresa o impede de atender na hora marcada, dirija-se à pessoa e explique o motivo. Pergunte a ela se deseja aguardar, informando corretamente sobre o tempo que ainda vai levar para que seja atendida. Se a pessoa não puder esperar, marque uma nova data, esmerando-se nas desculpas. Se o convidado decidir esperar, instrua a equipe de apoio para servir água e café e disponibilizar jornais e revistas atualizadas. Não é aconselhável deixar sobre a mesa apenas prospectos da empresa, pois demonstra descaso. Se for possível, vá até a pessoa em pequenos intervalos, para saber se ela está confortável enquanto espera.

Não se esqueça: saia sempre com a antecedência necessária e você nunca chegará atrasado para seus compromissos.

Convivência em Espaços Públicos: Cinemas, Teatros e Shows

Um dos maiores desafios enfrentados pelos seres humanos é a convivência diária com outras pessoas. Esses desafios não se restringem a casa, família e trabalho, eles extrapolam o limite de nosso relacionamento e enveredam por caminhos onde as pessoas nem se conhecem, como trânsito, estádios de futebol, filas, cinemas, teatros e shows. Nesses locais, os seres humanos encontram ótimas oportunidades para exercitar a boa educação, a tolerância, a paciência e o respeito ao próximo. Pensando nisso, sempre vem a velha pergunta: será que é tão fácil colocar isso tudo em prática no nosso cotidiano? Para muitas pessoas, não é nada fácil, e um pequeno desentendimento pode representar o início de uma grande crise. Para você, leitor, que teve interesse pelo assunto, tal prática deve ser exercitada diariamente, talvez com um pouquinho de esforço, mas o resultado será maravilhoso. Para conviver bem e circular educadamente pelos diversos espaços públicos, basta seguir algumas pequenas e simples regras.

Respeitar as filas é regra número um em qualquer tipo de evento. E não peça para alguém que já está na fila comprar o seu ingresso, pois isso é desrespeito com os demais que estão esperando há, provavelmente, bastante tempo. Evite atrasos, porém, se for inevitável, ao se dirigir à sua poltrona, peça desculpas ao passar na frente daqueles que estão sentados. Já nos teatros, balés, concertos e óperas o atraso é imperdoável, pois atrapalha o andamento do evento. Portanto, observe o sinal sonoro e entre antes da luz apagar. Nos teatros, aplauda quando todos o fizerem mas, nas óperas e concertos, observe os momentos adequados para aplaudir. Nesses lugares é proibido falar alto e também não faça barulho com papéis de bala e não bata na cadeira da frente com os pés. Não ria alto, não assobie e não atire bolinhas de papel. Isso pode parecer engraçado, mas é a maior falta de educação. Se você tem filhos pequenos, leve-os somente em espetáculos apropriados à sua idade.

Cartões de Visita e Convites Impressos

Atualmente, ainda existem profissionais que não entenderam a importância de um pedaço de papel chamado cartão de visita. Ele é a primeira impressão que uma pessoa, cliente ou não, terá a respeito de você ou de sua empresa. A mensagem nele contida será determinante para seu destino: inserido nos contatos de quem o recebe ou a lata de lixo. Por se tratar de um importante veículo de comunicação, sua correta utilização irá auxiliar pessoas e profissionais de qualquer área a aumentar seu círculo de amizades e, consequentemente, novos clientes ou parceiros profissionais. Por essas razões, sempre enfatizamos o uso constante dos cartões de visita, pois através dos mesmos poderemos ser encontrados com mais facilidade, divulgar nossos produtos e serviços e, com certeza, estreitar nossos laços pessoais e profissionais. Fica a dica: não saia de casa sem seus cartões de visita.

Já que eles são tão importantes para nossa vida pessoal e profissional, vamos falar mais um pouco sobre suas características principais. Os cartões de visita podem ser sociais ou profissionais, masculinos ou femininos e também podem ser de casais para uso social. Pela diversidade de tamanho, cores e modelos, o cartão de visita deve ser confeccionado de forma a demonstrar a personalidade de seu portador, bem como sua destinação. A contratação de uma gráfica profissional é sempre importante para garantir a qualidade dos mesmos.

Os cartões devem ser discretos, de preferência na cor branca, de papel opaline, linho ou vergê. Não existe um tamanho ideal. Um bom tamanho fica em torno de 6cm x 9cm, sendo muito utilizado um menor, do tamanho de um cartão de crédito. Consulte uma gráfica antes de decidir a medida dos cartões. Os cartões comerciais devem conter o logotipo da empresa, o nome da pessoa, endereço completo, telefones, fax e e-mail. Cuidado para não poluir o espaço com excesso de informações. Em compromissos sociais, não profissionais, use cartões pessoais, que levam o nome do homem e, caso seja necessário, o endereço completo. Mulheres colocam só o nome e acrescentam o telefone à mão, ao entregá-lo. Em ambos os casos, ainda se usa cortar parte do nome, quando a pessoa quer mostrar intimidade, deixando sem corte o nome pelo qual quer ser chamado. Importante: nunca dobre a ponta do cartão.

Cartões de visita são trocados entre pessoas que desejam estabelecer novos contatos. Em uma circunstância social, a mulher não troca cartões com homens, mas profissionalmente essa regra não se aplica. Quando conhecer um casal, ela deverá dar o seu cartão para a outra mulher. Os cartões são sempre redigidos na terceira pessoa como, por exemplo, "Rita de Cássia convida para...".

É importante também lembrar do porta-cartões. Ele pode parecer supérfluo, mas não é, pois protege o cartão, evitando que as bordas fiquem sujas ou amassadas. Pode ser de couro, metal ou prata e usá-los é mais do que indicado, pois cartão gasto e amassado demonstra desleixo — e isso é lamentável.

Como utilizar cada tipo de cartão

Cartões sociais:

- Enviar flores, presentes e agradecer qualquer gentileza;
- Aceitar ou recusar convites escritos;
- Enviar condolências, felicitações e cumprimentos;
- Substituir uma visita;
- Acompanhar importância em dinheiro;

- Lembrar um convite feito oralmente;
- Participar do nascimento de uma criança;
- Comunicar mudança de endereço;
- Agradecer o apoio em ocasiões de pesar.

Cartões comerciais:

Como já foi dito antes, o cartão de visita é muito importante para eventos profissionais. É importante saber como utilizá-lo, para não cometer nenhuma gafe com seus possíveis parceiros profissionais e obter o maior sucesso possível. E lembre-se: nunca fique sem cartões. A alegação de que os cartões acabaram demonstra desorganização, descuido e falta de logística pessoal.

Se alguém lhe entregar um cartão, leia assim que recebê-lo. Se atenha ao nome da pessoa e passe a tratá-la pelo nome, isso facilitará a memorização. A pior descortesia é ignorar ou tratar com desdém o cartão de quem quer que seja. Se você for entregar seu cartão, é importante sempre dá-lo na mão da pessoa, segurando-o pela parte superior, entre o polegar e o indicador dobrado, com o nome posicionado para leitura imediata. Risca-se o sobrenome com um traço em diagonal, para quebrar a formalidade. Os cartões são entregues sempre antes de reuniões e devem ficar à frente do participante, para que ele possa se dirigir às pessoas dizendo o seu nome e identificando seu nível hierárquico. Em mesas de almoço e jantar, o cartão pode ser entregue ao final, depois que todos tenham terminado de comer.

O executivo mais graduado é quem toma a iniciativa da troca de cartões. É sinal de gentileza. O executivo deve ter também um cartão só com o seu nome, sem o cargo, para acompanhar presentes. Melhor é que ele seja de folha dupla, caso deseje colocar alguma mensagem. Falar com jornalistas exige a apresentação do cartão logo no começo, pois facilita para que seu nome seja mencionado corretamente.

Lembrem-se do networking. Durante reuniões, almoços e confraternizações com pessoas de outras empresas, os participantes se conhecem, trocam cartões de visitas e montam sua lista de contatos.

Os convites impressos e suas peculiaridades

A primeira impressão é sempre a que fica. Mesmo com toda a tecnologia dos tempos atuais, os convites impressos fazem parte da tradição do bem receber. Podemos dizer que o convite é o cartão de visita do evento. Para a maioria dos anfitriões, o planejamento e a confecção do convite é encarada com muita seriedade, pois é ele que vai levar a primeira mensagem sobre o evento. A sua produção e qualidade está estreitamente ligada à intenção dos anfitriões em passar uma imagem capaz de surpreender positivamente os convidados.

São muito usados em jantares e almoços em que se requer um pouco mais de formalidade. Através das respostas aos convites, os anfitriões vão se preparando para receber com maior conforto. Em festas com mais de trinta convidados, as respostas devem chegar com antecedência de duas semanas e, para casamentos, a antecedência é de trinta dias.

Organizar almoços ou jantares de cerimônia, com lugares marcados, implica consultar previamente os convidados antes de lhes enviar o convite formal, mencionando o nome dos outros participantes e o motivo do evento. Assim, já fica assegurada a formação da mesa antes do envio dos convites definitivos. Retribuir o convite é essencial. A antecedência pode ser de três dias para reuniões informais e uma semana para jantares íntimos. Quando o casal convida, o convite parte sempre da mulher. Quando for convidado, responda logo e só aceite um convite por noite. Tendo dúvida a respeito do traje, consulte a anfitriã. Ao convidar, ela deve dizer o tipo de traje obrigatório. Obedeça sempre ao especificado sobre o traje no convite. Caso contrário, você poderá ser um personagem destoante, um estranho no ninho. No dia seguinte, telefone para cumprimentar a anfitriã e, se for possível, envie flores.

Legenda dos convites:

- RSVP significa *"Répondez s'il vous plait"* (Responda, por favor). É para ser respondido de imediato, informando se comparecerá ou não, bem como o número de pessoas. Não atendendo a esse pedido, você atrapalha a organização da festa, porque impede que os anfitriões programem o número de convidados e recursos compatíveis a ele.

- **RO** (*Refuses Only*) é a alternativa americana. Se vier impresso no convite, o convidado só responde se não for. Não responder significa, automaticamente, que está confirmado.

- POUR MEMOIRE é o próprio convite impresso. É enviado para enfatizar um convite oral feito anteriormente. Ele vem com o RSVP cortado.

Cuidado com o MICO — Procedimentos Errados

Ao participar de eventos, além da empolgação costumeira, uma bebidinha a mais e a vontade de demonstrar desenvoltura e expansividade, muitas vezes fazem com que paguemos micos históricos que podem ficar gravados no arquivo negativo de nossa vida. Poderemos ser motivo de chacota por muito tempo. Será que existe algum antídoto que nos livre deles? Claro que sim! Para facilitar sua utilização, elaboramos o antídoto para ser usado em duas ocasiões: no cotidiano e em casamentos. Se, após a leitura abaixo, você melhorar e não cometer mais gafes, parabéns! Você foi curado do vírus do mico. Caso contrário, você é um caso crônico, devendo fazer essa leitura diariamente, até ficar curado. Espero que logo!

Micos no cotidiano

- Anunciar que vai jantar na casa de alguém diante de pessoas que não foram convidadas;

- Convidar uma pessoa diante de outras que não pretende convidar;

- Convidar para um mesmo evento pessoas cujos laços estão rompidos;

- Convidar-se para um evento;

- Colocar os pés em cima de mesas e cadeiras e sentar-se em mesas e escrivaninhas;

- Se estiver em uma festa, invadir cômodos íntimos da casa;

- Falar ao telefone com pessoas em volta;

- Falar muito baixo ou muito alto;
- Cometer erros gramaticais;
- Falar com a boca cheia;
- Tirar o último canapé da bandeja;
- Monopolizar a atenção da anfitriã e também a conversa;
- Perguntar a homem acompanhado de mulher mais jovem se ela é filha dele. O mesmo para mulheres com homens mais jovens;
- Perguntar a uma senhora gordinha se ela está grávida ou a alguém abatido se está doente;
- Perguntar se a pessoa fez plástica, que idade tem ou quanto ganha;
- Fixar-se sempre no mesmo assunto, tornando-se um chato;
- Querer ser o único a se destacar;
- Dar tapinhas nas costas das pessoas;
- Segurar o copo de bebida com a mão direita. Ela fica reservada para os cumprimentos.

Micos mais comuns em casamentos

Vestuário:

- Comparecer a casamentos usando traje inadequado. Só compareça usando paletó e gravata;
- Mulheres não devem confundir trajes para casamentos com vestidos de baile.

Na igreja:

- Conversar em voz alta;
- Se entregar a fofocas sociais ou comentários depreciativos;
- Empurrar as pessoas, furando a fila de cumprimentos, e beijar a mão das senhoras das famílias dos noivos;

- Subir nos bancos para ver a noiva;
- Não acompanhar a cerimônia, permanecendo o tempo todo alheio aos acontecimentos.

Na recepção:

- Se apoderar de várias lembrancinhas;
- Colocar vários docinhos e enfeites no bolso ou na bolsa;
- Sair com fatias de bolo em guardanapos de papel. Há pessoas que levam até os arranjos florais que estão nas mesas;
- Recusar o charuto dado de presente por um homem que acabou de se tornar pai. Se não fumar, guarde-o no bolso, dizendo que irá fumá-lo depois.

Em relação aos noivos:

- Noivos não agradecerem os presentes, mencionando o que ganharam;
- Noivo vestido de branco e noiva abusando de decote e transparências.

CAPÍTULO 3

IMAGEM PESSOAL: SE BEM CUIDADA, ABRE AS PORTAS PARA O SUCESSO

Quando construímos nossa imagem com charme e inteligência, ganhamos segurança e passamos a nos comunicar melhor com as outras pessoas. No mercado de trabalho, a imagem é o diferencial mais marcante para identificar um profissional. Entre dois candidatos com igual qualificação, sem dúvida ganhará a vaga aquele com imagem mais cuidada e conduta elegante.

Sua imagem deve ser a principal aliada na busca de seus objetivos de vida. Para causar uma ótima primeira impressão, você deve observar uma gama variada de aspectos. Como eu quero ser visto? Minha imagem condiz com o que sou? Meu corpo e meus gestos comunicam adequadamente o que eu quero para atingir meus objetivos? Respondendo essas perguntas você estará definindo objetivamente um programa de aprimoramento de sua imagem pessoal, fazendo dela uma ferramenta poderosa na conquista de vitórias na vida social e no mundo corporativo.

A Linguagem Corporal

O corpo fala mais do que nós podemos imaginar. A linguagem corporal é uma forma misteriosa e não verbal que as pessoas utilizam, inconscientemente, para comunicarem o que estão realmente pensando ou sentindo sobre a situação do momento.

A importância da linguagem corporal em nossa vida reside no fato de que muitos de nós, através do corpo, demonstramos as fobias e inseguranças que relutamos em comunicar abertamente. Pensando nisso, vamos analisar algumas maneiras de entender alguns gestos corriqueiros e, assim, compreender como o corpo "fala" o que as palavras não estão dizendo.

O que torna a linguagem não verbal complicada é que ela deve ser considerada dentro do contexto da situação e do seu relacionamento interpessoal.

Nosso corpo expressa com realismo nossas atitudes mentais, o que torna a linguagem não verbal algo complicado pois, sendo uma via de mão dupla e considerada dentro de um contexto de nosso relacionamento interpessoal, pode ser uma arma de defesa ou uma armadilha, dependendo do prisma em que se apresenta.

O aperto de mão

O aperto de mão é de suma importância para a imagem que você quer projetar, pois revela muito sobre sua personalidade. Quem aperta as mãos das pessoas com a mão "mole" demonstra falta de segurança em si mesmo, enquanto o "triturador de ossos" demonstra desprezo pela integridade física dos outros. Já quem oferece só a ponta dos dedos demonstra que o cumprimento não foi bem-vindo.

Devemos ter alguns cuidados em relação ao aperto de mão como, por exemplo, sempre carregar um lenço para secar as mãos, caso você transpire muito. Só se aperta a mão de alguém, em recinto fechado, após tirar as luvas; não se aperta a mão de quem está à mesa de refeições. É uma afronta deixar alguém de mão estendida perante outras pessoas, mesmo que as relações não se encontrem em bons termos. E é prerrogativa do mais idoso estender a mão para o mais jovem, enquanto a mulher deve estender a mão para o homem. Em ambientes profissionais, o superior hierárquico é quem detém a precedência do aperto de mão e a iniciativa deve partir dele de apertar a mão do cliente.

As maneiras de caminhar

Para ser uma pessoa elegante, além de se vestir e falar corretamente, você deve adotar uma postura adequada, caminhando com desenvoltura. É fácil de perceber, nas mulheres, aquelas que caminham dando a impressão de que estão "amassando barro", com dificuldade no pisar:

os pés ficam presos ao chão, pesados, demonstrando um andar cansativo. Já nos homens, a "síndrome de Chaplin" é mais comum. Ao caminhar, eles jogam os pés para fora, parecendo o personagem Carlitos, de Charles Chaplin. Além de cômico, andar com os pés virados para fora ou para dentro compromete a postura e causa cansaço nas pernas e nas costas. Não se deve, também, caminhar de ombros caídos pois, assim, a imagem que transparece é a de uma pessoa cansada, desanimada e atormentada por algum problema.

Você deve adotar o jeito correto de andar, sempre com os pés retos e paralelos, com os ombros inclinados para trás e o peito projetado para frente. Quem é confiante caminha com passos firmes e decididos e ombros no lugar certo. Caminhar corretamente é questão de prática. Seja perseverante e verá os resultados. Tenho certeza de que vai gostar.

As maneiras de olhar

Os olhos são as janelas da alma e expressam várias emoções: raiva, arrogância, alegria, autoconfiança e firmeza de seus propósitos. Estudiosos do comportamento humano podem identificar quem está mentindo através da expressão do olhar. Enquanto conversamos com alguém, devemos direcionar o olhar para os olhos do interlocutor, estabelecendo um triangulo imaginário cujo vértice é o nariz. Ampliando um pouco, nosso olhar pode percorrer um triangulo maior, cujo vértice seria o queixo. Agindo assim, demonstramos apreço e fazemos com que o outro se sinta importante e prestigiado.

Algumas gafes em relação às maneiras de olhar são usar óculos escuros em ambientes fechados, medir as pessoas da cabeça aos pés, o que denota extrema grosseria e falta de personalidade, e um homem olhar para o traseiro de uma mulher.

Posturas corporais

De pé: a posição dos braços também revela algumas coisas a respeito de nossa personalidade. Quando conversamos com alguém com os braços cruzados, parecemos estar na defensiva. As mãos sempre nos bolsos podem demonstrar insegurança, sendo considerada, em alguns países da Europa, postura de pessoas mal educadas. Mãos na cintura, tanto em homens como em mulheres, revelam falta de classe. Devemos também evitar que as pernas fiquem afastadas enquanto falamos.

Sentado: pessoas elegantes não se jogam nos assentos e não emitem ruídos e murmúrios ao se levantar. Ao sentarmos nas pontas das cadeiras damos a entender que estamos querendo fugir ou que estamos pouco à vontade. Procure também não balançar os pés, pois tal atitude demonstra nervosismo. Homens devem cruzar as pernas procurando não mostrar a sola do sapato, e mulheres devem tomar cuidado para não deixarem à mostra suas partes íntimas ao cruzarem as pernas.

A Linguagem Corporal e a Elegância ao Vestir

Uma coisa é fato: o ser humano demonstra sua categoria e seu modo de vida através de sua linguagem corporal e de seu modo de vestir. Em nossa vida, somos atores que representam diversos personagens em diversos cenários. Para tanto, utilizamos a linguagem corporal para dar vida aos nossos personagens e as vestimentas para torná-los mais reais. Nos palcos da vida, devemos sempre ser elegantes e ter nosso próprio estilo, comportando-nos conforme a situação e utilizando trajes compatíveis e adequados a cada ocasião. Por exemplo, se você for a uma entrevista de emprego, deve utilizar roupas mais sóbrias e ter sempre gestos mais comedidos. Se, ao contrário, você for a um evento comemorativo, sua roupa deve ser informal e seu comportamento mais descontraído.

Não se esqueça de que o mundo em que vivemos é igual a um espelho, as pessoas ao seu redor reagem de acordo com o que você representa. Ser elegante é comportar-se adequadamente e saber vestir o corpo com a roupa certa, não se esquecendo de conviver com seus pares em perfeita harmonia.

A boa aparência implica em estar vestido de acordo com o momento e com as exigências da profissão. O foco deve ser vestir-se o melhor possível e de acordo com o que se estiver fazendo no momento. Em muitos casos, a gravata é fundamental, mas há ocasiões em que ela pode atrapalhar.

Cada circunstância tem a sua particularidade, que deve ser atendida para que você não seja o "estranho no ninho".

Sua imagem pessoal deve estar baseada em quatro princípios:

- Equilíbrio: sem excessos, sem abusar de nenhum detalhe;
- Bom senso: vestir-se para ficar bonito e atingir os objetivos;
- Adequação: o traje deve adequar-se à hora, ao local e às circunstâncias;
- Elegância: ser elegante não é questão de dinheiro e sim de bom gosto.

A roupa é o elemento que revela, no primeiro contato, se você está ou não integrado ao seu próprio círculo social e profissional, pois pequenos detalhes fazem grande diferença no resultado. Assim sendo, procure vestir-se com discreta elegância, evitando os exageros e os desleixos que podem parecer "casuais", mas também podem ser mal interpretados. Cuidado com os trajes impróprios para uso no âmbito empresarial: minissaia, barriga de fora, blusas sensuais, transparências, bermudas curtas, camisetas, saias com fendas pronunciadas e decotes audaciosos. O comprimento da saia deve ser discreto e estar de acordo com o tipo físico da pessoa.

As novas gerações programaram um código de estilo próprio, despojado e aberto para novidades, mas os homens alinhados e elegantes voltaram a estar na moda, de onde nunca saíram. Atualmente, não existem trajes rigorosamente determinados para a maioria das circunstâncias mas, se constar no convite, o mesmo deve ser respeitado. Caso não haja especificação, o ideal é consultar os anfitriões. Em se tratando de visita de trabalho, quando o profissional do sexo masculino for visitar um cliente importante ou apresentar um projeto, recomenda-se que ele use terno.

Lembrete

Uma boa norma é vestir-se para ficar bonito, e não para chamar atenção. Uma pessoa elegante chama a atenção sem que se saiba exatamente por quê.

Uma pessoa elegante chama a atenção sem que se saiba exatamente por quê. Para alcançar esse objetivo e ser uma pessoa elegante e bem vestida, iremos começar conhecendo os **biótipos humanos**.

Como sabemos, não existe ninguém perfeito. Todos nós temos alguns pequenos defeitos em nosso corpo. A opção por escolher e vestir a roupa certa pode ajudar, e muito, a disfarçar as imperfeições e valorizar nossos pontos fortes. É o momento adequado para acertar sua imagem.

Cada tipo físico tem uma lista de prós e contras.

Para começar, devemos utilizar o espelho e fazer uma análise detalhada e honesta do nosso corpo. O caimento e a dimensão das peças vão dizer qual é a melhor opção para o seu estilo, e não aquele item da moda que você viu na televisão, mas que pode acabar não favorecendo você.

Nesse início de processo, não pense na silhueta que você gostaria de ter, mas naquelas roupas que cabem em suas medidas atuais. Estampas, modelagens, cores e acessórios fazem uma enorme diferença no seu visual, podendo transformá-lo em um sucesso ou um enorme fracasso.

Um conselho: use adequadamente o que você tiver no guarda roupa e estreite sua relação com o espelho antes de decidir ir às compras.

Vamos dividir os biótipos em quatro grupos: **gordos, magros, altos** e **baixos.** Faça uma análise do seu corpo e veja em qual desses grupos você se enquadra e terá as indicações dos melhores tipos de roupas que deverão ou não ser usadas.

Gordo

Para amenizar as **curvas que aumentam o volume** do seu corpo, escolha roupas com tecidos e estampas que alonguem sua figura. As roupas apertadas não achatam as imperfeições, e as largas não escondem o perfil plus-size.

SIM — Procure usar roupas de tecidos estruturados, elas ajudam a esculpir as formas, assim como sapatos que equilibrem o volume do corpo. Camisas e gravatas com listras verticais, calças retas e camisetas de gola V devem constar sempre em seu guarda roupa.

NÃO — Evite as roupas com listras horizontais, estampas grandes e multicoloridas. Pregas e tecidos muito finos também estão proibidos, pois mostram volumes. Atenção à soma de peças contrastantes, elas dividem a silhueta e colocam o foco justamente onde você quer disfarçar.

Magro

Sua imagem precisa de mais volume. Tecidos texturizados e peças no tamanho adequado formam o look ideal.

SIM — Peças mais claras em cima e mais escuras em baixo são um ótimo truque. Calças de corte reto com malhas de trama grossa podem ser uma boa opção, pois a dupla cria volume. Estampas elaboradas, listras horizontais e sobreposição também cumprem o papel. Nos pés, escolha sapatos de bico arredondado.

NÃO — Para esconder sua magreza não adianta optar por roupas grandes, calças afuniladas ou gravatas largas. Preze pelas proporções de seu corpo para eleger a modelagem das peças que vistam você melhor.

Alto

Ao definir seu traje, pense em cada parte de seu corpo e, conforme as dimensões, faça a opção mais equilibrada. Abuse dos contrastes em estampas, cores e texturas.

SIM — Separe a silhueta em blocos de cores e texturas, isso vai equalizar o tamanho de sua imagem. Camisas e camisetas podem conter estampas grandes e cores vivas. Se gostar de acessórios, use cachecol, cintos e relógios.

NÃO — Aposente tudo que alongue suas formas: calças afuniladas, roupas com listras verticais ou camisas com estampas pequenas. Paletós com lapelas e gravatas estreitas também não entram no seu armário. Peças da mesma cor não devem aparecer juntas na hora de vestir.

Baixo

A maioria das roupas não foi pensada para pessoas baixas. Procure usar um look monocromático, evitando roupas não apropriadas para o seu tamanho.

SIM — Faça opção por calças mais ajustadas, com barra na altura certa. Quando acompanhados de calçados de bico afunilado e na mesma cor do traje, fazem as pernas parecerem maiores. Aposte em ternos e paletós com lapelas estreitas. Escolha camisetas com gola V e abuse do modelo polo e dos cardigãs. A linha vertical formada nessas peças também ajuda na ilusão de ótica.

NÃO — Cuidado com os cintos, esse acessório divide a silhueta, assim como roupas com listras horizontais. Peças longas e gravatas largas não foram feitas para pessoas baixas, pois fazem o corpo parecer desproporcional. Nunca use bermudas abaixo do joelho.

Checklist de um Guarda-roupa Funcional

As roupas que vestimos exercem um papel decisivo em nossas vidas. No trabalho, em uma cerimônia de casamento ou durante as férias, o sucesso pessoal, a posição social ou a credibilidade de uma pessoa pode ser medida por sua imagem. Ciente de que as relações sociais positivas começam com um guarda-roupa funcional, vamos elaborar um checklist com as peças básicas da moda masculina que devem constar em seu armário. Faça uma comparação e, antes de sair às compras como um expert em estilo, procure aproveitar o que você já possui.

Caso resolva renovar seu guarda-roupa, invista em elementos essenciais que combinem entre si e cabem em qualquer ocasião, como:

- Paletó marinho: peça chave para um visual elegante;

- Casaco: peça curinga que pode ser usado no trabalho ou para sair à noite;
- Calça cinza: a cor neutra é ideal para trajes clássicos ou modernos;
- Calça jeans: item que compõe qualquer traje moderno;
- Camisa branca: item básico que compõe qualquer look;
- Cinto preto: além de dar segurança para as calças, complementa o vestuário;
- Gravatas: o arremate chique para usar com paletós ou ternos;
- Sapatos: um social preto e um casual marrom são indispensáveis;
- Camisas polo: na cor azul-marinho ou vermelho são imprescindíveis;
- Malhas: para os dias frios, um cashmere combina com qualquer peça;
- Sobretudo: complementa o terno e faz um jeans parecer superelegante;
- Terno: é um investimento que vale a pena pois, de todas as roupas, é ele que poderá fazer a diferença no homem, tornando-o uma pessoa de destaque.

Existem outros tipos de roupa que fazem do homem uma pessoa mais elegante. Vamos iniciar esse assunto fazendo uma pergunta ao leitor: Você saberia diferenciar um **terno** de um **costume** ou de um **traje**? Não fique preocupado, você conhece todos eles, talvez só não saiba diferenciá-lo. Vamos lá!

Ternos e Paletós

Terno é o conjunto de três peças — paletó, colete e calça — confeccionados com tecidos e cores iguais. O costume, normalmente chamado de terno, é o conjunto de paletó e calça, também confeccionado com tecidos e cores iguais. Viu como é fácil? Ficou faltando o traje? Pois é, o traje pode ser um terno, um costume ou um conjunto de paletó e calça jeans, por exemplo. Ou seja, é o tipo de roupa que você escolheu para vestir, sempre de acordo com a ocasião.

Agora que você está se tornando um craque no assunto, vamos conhecer as principais características do terno que, usado sem o colete, tem o nome de costume ou de traje, dependendo da combinação.

Terno

O terno jamais sairá de moda e não pode ser comparado a qualquer outra roupa. Confiança e autoridade ficam impressos na imagem do homem que o veste, mas é preciso ser criterioso na escolha. O primeiro passo é observar o corte do traje. Escolha o tecido de sua preferência e, se possível, utilize os serviços de um alfaiate, pois a modelagem deve ser milimetricamente adequada à silhueta. O terno perfeito é o grande charme da elegância masculina. Você pode não ter o hábito de usá-lo, achar que a gravata sufoca e o paletó esquenta, mas o glamour desse figurino é inegável. Use-o com orgulho e, se possível, sempre.

Na modelagem tradicional ou regular, as curvas do corpo nunca estarão em evidência, já que o foco fica no conforto e na elegância. O corte do paletó é reto e as calças são levemente folgadas nas pernas. Na medida ideal, favorece todos os tipos de corpo. Na modelagem slim fit, a silhueta fica definida pelo paletó acinturado e as calças ajustadas. O corte é rente ao corpo, mas não apertado. O modelo baseado nos anos de 1960 tem apelo moderno e favorece o biótipo magro, alto ou baixo.

O que diferencia o terno, uns dos outros, é o modelo do paletó. O terno pode ter paletós com lapelas alongadas, alta ou fechada, peaked e notched. As lapelas alongadas são mais adequadas em modelos acinturados e o terno pode ser usado com uma gravata fina, ideal para homens mais baixos. A lapela alta ou fechada é usada em ternos tradicionais. É uma boa opção para pessoas acima do peso, já que chama atenção para o rosto, portanto disfarça a barriga. A lapela de pontas ou peaked teve origem nos clássicos ternos ingleses. O recorte crescente deixa a lapela pontuda e imponente, sendo utilizada em paletós feitos sob medida, smoking e fraques. Os modelos mais simples de ternos tem paletós com lapelas notched. O recorte triangular forma traços proporcionais no tecido, trazendo um ar mais austero ao terno.

O paletó do terno pode ser confeccionado com abotoamento simples ou duplo. A fileira única de botões é a maneira mais comum de fechar o paletó, mas saiba que o número deles pode dizer muito sobre você. No abotoamento simples, o visual moderno está garantido com um só botão. Ele vive solitário em modelos acinturados e de lapela alongada. A dupla de botões é a mais famosa do mundo dos ternos com abotoamento simples. Serve para alongar o tronco e disfarçar a barriga. No abotoamento simples, o modelo de três botões é o tradicional. O destaque vai para o colarinho e a gravata, opções dos homens que preferem roupas mais sóbrias.

Com abotoamento duplo, o paletó dos ternos trespassados reapareceram nas passarelas, tendo seu estilo diretamente relacionado ao número de botões. No abotoamento médio com seis botões, os ombros ficam em destaque, já que os botões superiores, que não são abotoados, alargam e acinturam a silhueta. O abotoamento alto com seis botões é indicado para pessoas acima do peso, pois as duas fileiras no meio do corpo formam uma linha que desvia a atenção da cintura. E o abotoamento com quatro botões, os chamados jaquetões, têm a fama de achatar a imagem, porém, essa versão deixa a camisa e a gravata expostas, tornando a silhueta mais longilínea.

Os paletós dos ternos possuem detalhes importantes, mas que muitas vezes podem passar despercebidos. É o caso das fendas traseiras e dos bolsos frontais. As fendas podem ser divididas em única, dupla ou sem fenda. A maioria dos ternos modernos possui somente uma fenda central, única. Os ternos ajustados também podem levar a abertura, que deve ter de 17 a 22 centímetros.

Nas fendas duplas, que são laterais, a modelagem se ajusta melhor ao corpo, favorecendo aquelas pessoas um pouco acima do peso. Esse tipo de fenda é herança da Inglaterra.

Os paletós dos ternos de festa não contêm fendas pois, por serem modelos mais sisudos, dispensam esse tipo de detalhe. Os bolsos frontais podem ser divididos em besom, flap e ticket.

Os bolsos do tipo besom, por serem mais formais, são usados somente em smokings. Os bolsos flap possuem uma aba decorativa e aparecem nos modelos mais utilizados atualmente. Já o modelo ticket é um bolso auxiliar criado pelos britânicos para guardar bilhetes e é confeccionado nos modelos tradicionais e nos jaquetões.

O uso de acessórios com ternos é muito comum. Os homens elegantes e antenados dão ao **lenço** uma importante função na composição de um traje de estilo moderno e, apesar de ser um detalhe, traduz a personalidade de seu portador. São confeccionados em diversos tipos de tecidos e estampas, podendo ir do sóbrio ao descontraído. O lenço deve ser dobrado de acordo com o traje que irá complementar. Como a técnica para a dobradura reflete um pouco da personalidade de seu dono, o lenço pode ter uma ou duas pontas, ser reto ou bufante.

Ao investir em um terno ou qualquer outro tipo de roupa, além de analisar os modelos e tamanhos, você deve atentar para os ajustes que deverão ser feitos nas peças. Como o caimento deve ser impecável, as medidas devem ser exatas. Escolha roupas com tons de cinza e marinho, que não saem de moda. Confira, também, todos os detalhes antes de retirar a roupa da loja ou alfaiate. Alguns centímetros a mais ou a menos podem comprometer o traje de seus sonhos. A costura nos ombros deve cair perfeitamente sobre a articulação. É o primeiro item a ser observado: se ficar folgado ou apertado, não leve. O excesso de tecido nas mangas do paletó pode acabar com o caimento. As mangas da camisa devem terminar onde começa o pulso e a manga do **paletó** meio centímetro acima. E, finalmente, tenha cuidado com os tecidos que ficam sobrando nas roupas. Se seu paletó estiver com dobras nas costas e na barriga é sinal de que o ajuste nos ombros não foi bem feito. Nesse caso, peça para o ajuste ser refeito ou experimente outro modelo ou manequim.

Você Sabia?

O último botão do paletó, o de baixo, deve sempre ser deixado aberto, ou seja, fora da casa. No modelo de um botão, deixe-o aberto enquanto estiver sentado. Para fazer a escolha certa de seu paletó, meça primeiro o tamanho de seu tórax. Se você tiver 100cm no comprimento de seu tórax, por exemplo, o número ideal de seu manequim deve ser 50.

Paletós

Você já deve ter ouvido a expressão "pretinho básico". Pois é, o paletó azul-marinho é a encarnação masculina dessa ideia de peça curinga. É o item mais versátil que você pode ter no guarda-roupa, pois cabe perfeitamente em praticamente todas as ocasiões. Com um design que combina com o formal e o casual, foi feito para a Marinha inglesa, passou por reforma estética dos franceses e italianos e, hoje, se adapta às flutuações da moda. Sendo assim, o homem que se preze tem ao menos um paletó para o verão e outro para o inverno. Nas vitrines, você encontra desde os justos e curtos até os amplos e cheios de detalhes.

Por se tratar de uma peça curinga, pode ser combinado nos looks para o dia e para a noite. Paletós em cores claras combinam mais com o dia. Para não errar, faça a opção por um visual mais descolado, com camisa aberta e calça de alfaiataria ou jeans. Na combinação para a noite, o paletó dá um charme discreto e elegante, cheio de estilo, principalmente se for usado com uma camisa xadrez, calça jeans e cinto de cadarço. Como nos ternos, o paletó tem bolsos arredondados ou com lapela. A casualidade do paletó é definida pelo bolso arredondado, enquanto o bolso com lapela, saído da alfaiataria europeia, dá mais poder e classe ao paletó.

Além daqueles confeccionados com tecidos sintéticos ou mistos, os paletós podem ser de tecidos mais nobres, como os sociais chamois, lã fria, veludo, e tweed, e os casuais sarja, couro, jeans e linho.

O chamois é macio, resistente e relativamente caro. Não é muito visto, mas está em peças de caimento impecável. Utilizando a lã fria, a modelagem fica mais valorizada, rendendo ótimos paletós para momentos de trabalho. O veludo cotelê é o mais popular, e o liso tem mais classe. Ambos são indispensáveis em peças apropriadas para clima frio. A trama de lã pesada do tweed é um clássico inglês, perfeito para compor um visual elegante de inverno.

Nos casuais, a sarja pode levar diversas lavagens e tem o toque ideal para o dia a dia. O couro é ótimo para sair a noite, mas cuidado para não montar um visual muito country. O jeans, antes só utilizado na confecção de calças, passou a ser matéria base para o paletó. Ao fazer a escolha pelo tipo de jeans, escolha a mais escura, pois são as mais chiques. E, por fim, temos no linho o item do verão. Devido ao charme de sua textura amassada, ele é perfeito para eventos ao ar livre. Seguindo a tendência atual, o moletom emprestou sua aura esportiva às linhas de alfaiataria. O corte é elegante e a textura confortável e leve vai com peças sociais e também com jeans e camiseta.

Depois de adquirir os jeans e as camisas do momento, coloque dois paletós no seu guarda-roupa pois, por ficarem longe das flutuações da moda, são aqueles curingas que você precisa. Veja com atenção alguns detalhes importantes para você sair bem na fita:

- No modelo americano, o desenho da peça deve acompanhar os ângulos do corpo, mas preservando a fórmula refinada da alfaiataria. Os ombros têm pouco enchimento, e o corte acompanha a curvatura natural do corpo, deixando a cintura menos marcada. O charme esportivo fica mais evidente. Seu look simples vai ganhar outra cara com esse paletó.

- Paletós com estilo italiano têm os ombros bem estruturados, uma herança do terno. É o registro de classe que vai manter a elegância do lazer em qualquer roupa. No estilo italiano, os ombros são estendidos e marcados, enquanto no estilo inglês eles são ligeiramente empinados. Ambos com silhueta acinturada, são sinais de sucesso.

Abotoamento — saiba como usá-los

O abotoamento do paletó parece coisa corriqueira, mas não é. Ele pode fazer muita diferença. O paletó com um botão é o mais utilizado, porém o abotoamento duplo ou triplo também são elegantes, podem até mudar o estilo, mas nunca sairão de moda.

Todos eles são chiques, porém o paletó com um botão é mais indicado para seus compromissos noturnos. Se você optar por um look moderninho, use o modelo com um botão, mas peça ao alfaiate para confeccioná-lo com lapela alongada e modelo ajustado. Prepare-se para os elogios!

Se você estiver um pouco acima do peso e optar pelo visual "executivo", vista um paletó com dois botões pois, além de alongar o tronco, disfarça aquela saliência do abdômen, a famosa "barriguinha".

Se o seu estilo for mais tradicional, o paletó com três botões é o mais indicado, principalmente, se usado com um belo conjunto de camisa e gravata.

O abotoamento médio com seis botões afina o visual, dando a impressão de ombros mais largos. Detalhe: só os do meio são abotoados.

O abotoamento alto com seis botões enfatiza o centro do corpo, desviando o foco da linha da cintura e é o indicado para aqueles com uns quilinhos a mais.

O abotoamento com quatro botões, o jaquetão, alonga o visual, principalmente, se for confeccionado com as lapelas mais longas.

Antes de escolher a roupa que vai vestir, faça uma análise cuidadosa do seu biótipo para a escolha correta, adotando um estilo adequado à sua personalidade e aos seus hábitos de vida, fazendo da sua imagem um conjunto bem apresentável, realçando os pontos fortes e disfarçando os pontos fracos. Não esqueça que os ternos são confeccionados em vários cortes e diversos tipos de tecidos. Os paletós podem ter um, dois, três ou quatro botões e que o jaquetão é confeccionado com quatro ou seis botões. Agora que você se tornou um expert, não tem como errar.

Padronagem dos tecidos

Tenho certeza de que o leitor já deve ter ido ao supermercado ou à feira livre e comprado uma caixa com ovos. São todos brancos ou vermelhos, tem a mesma forma e normalmente o mesmo tamanho. Nenhum se diferencia do outro. Você já imaginou se o mundo da moda fosse assim? Todas as pessoas seriam iguais, o que resultaria em derrota total em marketing pessoal. Cada um de nós tem um gosto e uma individualidade, com bastante reflexo na escolha da roupa.

Buscando a diversificação, os tecidos das roupas masculinas são padronizados com desenhos mais sóbrios, utilizando linhas diferentes e cores variadas, trançadas de forma a delinear um padrão de estampas apropriado ao vestuário masculino. São riscas, pontinhos, espinhas de peixe e o tradicional e elegante xadrez que formam a padronagem dos tecidos e irão se transformar nos ternos mais elegantes e charmosos que qualquer homem elegante terá orgulho em vestir. É só sucesso!

Como esses desenhos geométricos fazem parte da história da humanidade, fazer um aprofundamento a respeito daria um livro sobre o assunto, razão pela qual fizemos uma breve apresentação dos mais famosos, que relacionamos abaixo. Divirtam-se!

- Risca de Giz: depois de investir no marinho e cinza, adquira um terno ou costume com essa padronagem. É bem elegante trajar um terno risca de giz, pois suas listras verticais dão sofisticação no design.

- Chalk Stripe: é um tipo mais leve inspirado na risca de giz. Com seu aspecto opaco, como um giz de lousa, é muito requisitado nas lojas e alfaiatarias da moda.

- Sal e Pimenta: segundo experts em tecidos, os pontinhos em branco e preto formam o falso cinza. Na composição de um look moderno, combina facilmente com outras padronagens.

- Olho de Perdiz: os pontinhos contrastantes formam o falso cinza, assim como o sal e pimenta, mas a trama grossa deixa as cores com mais textura e o visual mais encorpado.

- Window Pake: são quadrados grandes formados por linhas finas. É um tecido discreto e cai bem, inclusive em opções mais modernas.

- Príncipe de Gales: é um xadrez histórico. Por ter perfil elegante, é encontrado em modelos que circulam em passarelas conceituadas ou em coleções consideradas "caretas".

- Espinha de Peixe: o discreto desenho em zigue-zague, sobretudo em cinza, garante peças com classe que combinam com quase tudo.

Camisas: Social ou Esporte

Nas últimas décadas, os homens se tornaram mais corajosos e descolados na hora de escolher suas roupas, principalmente as suas camisas. Os tons monocromáticos que compunham os trajes normais do homem contemporâneo foram sendo substituídos, paulatinamente, por peças em cores fortes, listras e estampas. As ousadias no estilo podem ser maiores ou menores, mas já fazem parte do guarda-roupa masculino. Na camisaria, o foco está nos detalhes e no acabamento. Punhos e colarinhos fazem a diferença. Para começar bem, conheça suas medidas e adquira uma branca de caimento perfeito.

Você Sabia?

Camisas estampadas funcionam muito bem em um visual diurno. Aposte em peças coloridas e de algodão, principalmente no verão.

As camisas podem ser confeccionadas com os mais diversos tipos de tecidos, puros ou mistos. Qualquer que seja o tecido, ele deve ser de boa qualidade para que a peça ofereça conforto ao vestir e maior durabilidade. Observe na etiqueta o tipo de material utilizado na confecção e a forma de lavagem. Procure optar por tecidos de melhor qualidade. Talvez você pague um pouco mais, porém, terá peças com maior tempo de vida.

O algodão é o tecido que entra na composição de diversos outros utilizados na confecção de camisas. O linho, por ser um tecido fino e leve, é muito utilizado em locais ou temporada quente e sendo, por isso mesmo, ideal para roupas descontraídas ou descoladas, com direito à típica textura amassada. O tecido chambray é usado nas camisas estilo jeans. Após receber inúmeras lavagens, estão prontos para serem utilizados na confecção de modelos sóbrios ou descontraídos. A flanela é um item essencial no inverno. Preferencialmente de algodão, pode ser transformada em uma descolada camisa xadrez, muito utilizada nas saídas noturnas.

Muitas vezes, você olha uma vitrine e vê aquela camisa que se encaixa perfeitamente na composição do seu look. Por um motivo qualquer, você decide adquiri-la em outra loja.

Com os detalhes da camisa em mente, e com ares de expert em moda, descreve para o vendedor o tecido e a cor, faltando a padronagem, ou seja, o desenho do tecido. Seu ar de expert em moda foi demolido pela falta de conhecimento total sobre o tecido. Pensando nisso, veremos a seguir as principais padronagens utilizadas na confecção das camisas esportes ou sociais.

As discretas linhas da padronagem diagonal criam uma ilusão de ótica perfeita para disfarçar as formas avantajadas daqueles que estão com sobrepeso. A trama ajuda a modelar a silhueta. O tecido fica estruturado com a trama espinha de peixe, dando um toque elegante à camisa. Podemos dizer que é o liso com bossa. As listras verticais da padronagem maquinetada são absorvidas no relevo do tecido. O importante é que não interferem nas outras estampas do look. Nas camisas sociais, as listras são finas sobre fundo branco, sendo que suas variações são bem aceitas em designs casuais. Por último, há o quadriculado, marca registrada em armários europeus, sendo adorado pelos executivos. Para o trabalho, invista em modelos despojados.

Colarinhos e Punhos

Enquanto o colarinho equilibra o rosto, os punhos tem a função de arrematar a camisa e alongar os braços. Conheça os perfis, que vão do sofisticado ao cotidiano.

Colarinho curto: é a mais moderna das opções, vetada para gordinhos. Combina com gravatas estreitas e peças de modelagem ajustada.

Colarinho francês: é o mais popular e democrático da camisaria. Por ter as pontas semiabertas, cai bem em todos os tipos de rostos e de nós de gravata.

Colarinho inglês: possui pontas agudas e deve ser utilizado sem gravata. Caso resolva utilizar gravata com esse tipo de colarinho, faça opção pelos nós mais elaborados, pois não combinam com rosto fino.

Colarinho italiano: por ter as pontas curtas e abertas, deve ser usado com gravatas de nós largos para que ela possa aparecer.

Colarinho americano: é aquele com um botão em cada lado, conhecido como button-down. Por não combinar muito com gravata, é utilizado em ocasiões mais informais e em trajes mais despojados. Se preferir utilizar uma gravata, a melhor é a afrouxada.

Em relação ao punho, existem três tipos. O punho chanfrado é confeccionado em camisas especiais, próprias para festas. São mais longos e tem um recorte transversal que dá um toque diferenciado à peça. O punho duplo é o mais chique de todos, pois é confeccionado sob medida com a vira de uma cor e a marga de outra.

Dependendo do estilo, a vira e a marga podem ser da mesma cor da camisa. O punho duplo para abotoaduras é confeccionado em camisas exclusivas para festas ou eventos de luxo. É necessário uma abotoadura para fechar a vira. Por último, o punho simples é mais curto e pode ter a ponta reta, arredondada ou chanfrada. Devido à sua simplicidade, é considerado o design do dia a dia.

Você Sabia?

As camisas sociais são numeradas tomando por base a circunferência do pescoço em centímetros e as casuais pelo número ou tamanho. As da linha office são numeradas de 2 a 6. Veja tabela abaixo:

Casual	Office	Class
Tamanho P	Tamanho 2	38/39cm
Tamanho M	Tamanho 3	40/41cm
Tamanho G	Tamanho 4	42/43cm
Tamanho GG	Tamanho 5	44/45cm
Tamanho XGG	Tamanho 6	46/47cm

Pequenos detalhes de sua camisa

A gola, quando aberta, deve vestir confortavelmente e, quando fechada, deve caber no máximo o dedo mínimo entre o tecido e o pescoço. No tórax, procure um ponto ideal entre o largo e o apertado, deixando o tecido rente ao tórax. Cuidado para não deixar a camisa muito justa ao ponto de deixar os botões repuxados. Para ver o ponto ideal, logo após qualquer refeição, sente-se e verifique se a camisa segue sua cintura, mas com espaço suficiente para você se sentir confortável. As mangas da camisa devem acabar sempre na linha entre o pulso e o braço.

A pala é uma costura que divide as costas dando um caimento melhor. O truque dos alfaiates é dividi-la ao meio para dar volume aos ombros. Existe também um reforço de bainha ou V invertido, utilizado para dar mais resistência nas costuras laterais da camisa.

A Escolha da Gravata

Não importa se você veste um terno alinhado ou jeans e paletó, a escolha da gravata certa pode transformar o seu visual da esfera descuidada à estilosa. São só alguns passos para dar um visual moderno. Por ser um acessório definitivo do homem, deixou de ser uma exclusividade dos executivos. No trabalho, revela personalidade. Na noite, é sinônimo de estilo.

Tenha sempre certeza de que é a primeira coisa que vão notar em você. Esse símbolo de masculinidade não se transformou muito, mas passou pelas variantes da moda. As gravatas tradicionais ganharam diversidade em suas larguras, tornando-as contemporâneas, e até aquele modelo de crochê reapareceu.

Dependendo da estação do ano, a moda é usar gravatas mais largas e em outras mais estreitas. A gravata larga é o modelo mais tradicional enquanto os modelos mais finos são considerados mais modernos, agradando aos que adotam um estilo mais jovem.

Calcule bem a altura da gravata, pois sua ponta deve estar bem no meio da fivela do cinto. Escolha bem o tecido e a padronagem e fique atento: quanto mais larga a gravata, maior é o nó.

A cor da gravata deve ser escolhida de acordo com a circunstância. A gravata pode ajudar, por exemplo, a demonstrar simpatia. Em uma entrevista ou reunião, use cores comunicativas, como vermelho, rosa ou azul-claro. Em um evento mais sério, o azul-escuro é o mais indicado. A preta e a cinza estão sempre na moda e servem para eventos sociais. Na largura, o que manda é o biótipo e o estilo do dono. Apesar de terem vindo para ficar, as gravatas finas não devem ser utilizadas por pessoas gordinhas.

A gravata é feita para acentuar o visual e não para chamar atenção. É ela que vai diferenciar você naquele mar de ternos escuros e, por isso, faça um planejamento antes de comprá-las. Para começar, adquira uma azul para vestir com camisa azul. Escolha peças azul-marinho para vestir com seu costume preto. Pode parecer monótono, mas o conjunto tem muito estilo.

Elas podem ser confeccionadas com seda lisa, crochê, lã ou algodão. A seda lisa compõe as melhores gravatas por ter um caimento impecável, sobretudo a seda italiana. Na década de 1960, o *hit* da moda era a gravata de crochê, que está de volta na composição do traje masculino. A soma da seda com a lã rende gravatas firmes de textura inconfundível. E todo homem elegante que se preze tem uma gravata de algodão, considerado o uniforme do homem em dia com a moda.

Existem variados tipos de padrão de gravata. O xadrez começou a ser utilizado nas peças de algodão e, devido ao sucesso alcançado, está sendo utilizado nos modelos de lã. Gravatas de poá, com pontinhos pequenos, caem bem até quando usados com camisas estampadas. As linhas geométricas miúdas da gravata com micro-estampas dão corpo à peça, caindo bem com todo tipo de camisa. O falso liso, com sua trama feita em sentidos diferentes, dá volume à gravata, aparentando, de longe, um tecido plano. As gravatas listradas são consideradas as líderes dos engravatados. Podem ser usadas nas mais diversas ocasiões e com os mais diversos tipos de terno.

Como fazer os diversos tipos de nós de gravata

Assim como os ternos, as camisas e os colarinhos possuem diversos tipos e formas, as gravatas também possuem seus diversos tipos de nós.

Vamos demonstrar como são feitos seis tipos de nós e qual tipo de colarinho cada um deles deve acompanhar. São eles: Simples, duplo, Windsor, meio Windsor, pequeno e o borboleta.

Veja como é simples: Vista a camisa, levante o colarinho, feche o botão e inicie a preparação do nó. É questão de prática. Pratique e verá o resultado. Você ficará surpreso!

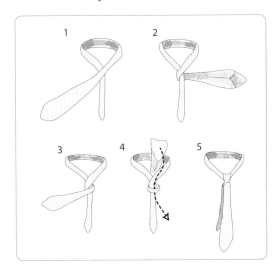

Nó simples: por ser o mais simples de ser feito, é o mais utilizado. Fica bem com qualquer tipo de colarinho e camisa. É considerado o mais clássico de todos os nós e perfeito para quem tem estatura de média para alta. Se você optar por um nó estreito, a gravata fina é a melhor opção, pois ele ficará em forma de cone e alongado. Se sua opção for por um nó mais largo, siga o mesmo procedimento, porém, utilizando gravatas mais largas.

Para ficar bem alinhado, o ideal é seguir as seguintes dicas: a parte estreita da gravata deverá ter a mesma medida da parte larga. Se sua estatura for mediana, essa medida deverá ficar na altura do cinto. Caso sua estatura seja elevada, a gravata deverá ficar um pouco acima do cinto. Se você tiver o busto mais curto, use o nó duplo que, além de ficar mais adequado à sua silhueta, é tão simples de ser feito quanto o nó curto.

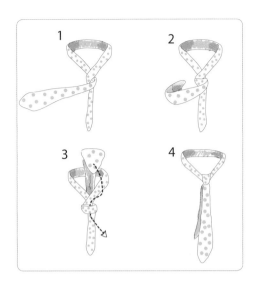

Nó duplo: como dissemos acima, o nó duplo é semelhante ao nó simples, só que, como o nome diz, para ficar correto, ele requer uma segunda volta da parte larga no início da preparação, ou seja, a parte mais larga da gravata é passada duas vezes ao redor da parte estreita. Como o nó simples, o nó duplo vai bem com quase todo tipo de camisa, ficando perfeito na maioria das gravatas, exceto aquelas muito largas ou de tecido grosso.

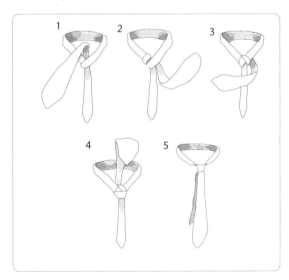

Nó Windsor: como o próprio nome diz, esse nó foi popularizado pelo Duque de Windsor e é mais indicado para eventos com uma sofisticação maior. Por sua complexidade, não é um dos mais utilizados pois, para que fique perfeito, deve ficar bem centralizado entre as duas partes do colarinho e esconder o último botão da camisa. Para completar o toque de elegância, deve ser usado, preferencialmente, em colarinhos afastados, tais como os colarinhos Windsor ou italianos. Por ser um nó volumoso, cria um efeito sofisticado no colarinho.

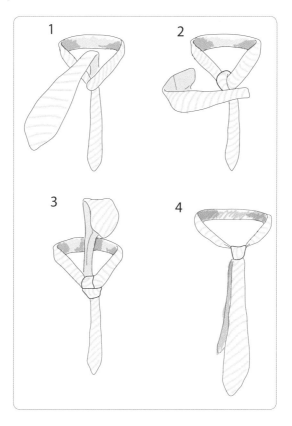

Nó meio Windsor: semelhante ao nó Windsor, essa versão é menos grossa e mais fácil de ser executada. Quando você for optar por esse tipo de nó, dê preferência para gravatas mais finas e pouco espessas, que deverão ser utilizadas com camisas de colarinhos clássicos ou abertos. Pelo seu formato triangular, é uma opção inteligente para um look elegante e clássico.

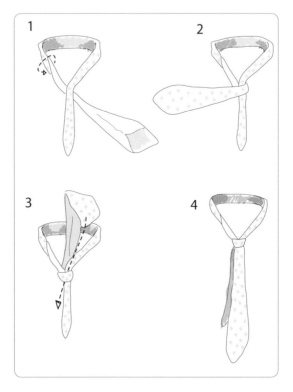

Nó pequeno: assim denominado por ser o menor de todos os nós. De realização fácil, mesmo necessitando de uma rotação de 180º na complementação do nó, torna-se a forma mais simples de executar um nó de gravata. Não deve ser usado com camisas de colarinhos longos ou afastados. Para dar um toque de elegância no seu visual, utilize o nó pequeno em gravatas mais espessas.

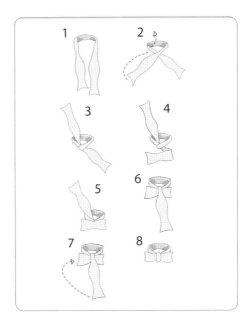

Nó borboleta: por ser uma gravata elegante e clássica, é utilizada geralmente na cor preta com uma camisa branca para compor o smoking. Para um visual mais descontraído, pode ser utilizada em diversas cores ou padrões. Por ser um nó mais sofisticado, requer cuidado extra, ou seja, devemos observar que sua largura seja equivalente à distância entre os nosso olhos. Ser elegante requer alguns cuidados e, por isso, os detalhes devem ser levados em consideração.

O leitor deve pensar que fazer um nó de gravata é uma missão quase impossível. Ledo engano. Nós, meros mortais, podemos fazer qualquer tipo de nó, desde que tenhamos paciência e pratiquemos na frente do espelho para pegar o jeito. Antes de começar a treinar, você precisa saber o que é **drimple**: o termo se refere às covinhas que ficam abaixo do nó da gravata. Quando você estiver finalizando o laço, pressione levemente a área, deixando o drimple centralizado. As cavidades ajudam no caimento da gravata, que fica mais imponente.

Agora que você já sabe tudo sobre os diversos tipos de nós, pegue uma gravata velha e pratique. O resultado será recompensador.

Nó de gravata x tipo de colarinho

Pintou aquela festa badalada, você foi convidado e precisa dar um trato no visual. Olhou o convite e viu que o traje solicitado é o social. Como você quer estar elegante, sua preocupação é escolher o modelo do terno que irá vestir, bem como a camisa e a gravata que irão compor o look final. Com o terno escolhido, camisa bem passada e a gravata de seda bem bonita, tudo está pronto para a composição do visual. Chegou a hora de dar o nó na gravata e você não ficou satisfeito com o resultado final. Não se desespere! Cada tipo de colarinho deve ser usado com um tipo específico de nó de gravata. Fique tranquilo porque, com as dicas abaixo, você com certeza irá saber qual o tipo de nó mais adequado ao colarinho de sua camisa. Agora é por sua conta!

Nó para colarinho inglês: ideal para um look com um terno slim e gravatas com nó duplo, que cria maior volume em um dos lados. Garantia de um visual moderno e elegante.

Nó para colarinho francês: mais comum e básico entre os tipos de colarinho, combina bem com qualquer modelo de gravata. Uma boa dica é usar gravatas com menos volume e nó meio Windsor.

Nó para colarinho italiano: com suas pontas curtas e abertas, caracteriza-se por deixar mais espaço para a gravata, favorecendo o uso de nós que deem mais volume no acessório, como o Windsor, considerado o nó mais elegante entre todos eles.

Nó para colarinho curto: considerado o mais moderno, pede gravatas com apelo mais moderno e jovem também. Os modelos estreitos usados com um nó simples são as melhores opções para compor o visual.

Calças

Elas podem ser muito largas, curtas, cheias de lavagens, ou seja, são um campo minado para seu estilo. Uma escolha errada pode se transformar em uma tragédia visual. Antes de adquirir uma calça, veja se ela serve perfeitamente no seu corpo e se combina com as outras peças de seu guarda-roupa. Antes de se deixar levar pelo impulso da compra, pense sobre o assunto. A final, há uma avalanche de tipos disponíveis. Do jeans folgado até a alfaiataria ajustada, existe um modelo perfeito para você valorizar seu visual. Vejamos alguns detalhes que você deve saber sobre a confecção de sua calça.

O cós é a cintura da calça. Nas sociais, deve ficar cerca de quatro centímetros abaixo do umbigo e, nas casuais, até dez centímetros. Essa distância pode ser maior ou menor dependendo da idade e da barriga do dono. O cavalo, também conhecido como gancho, é a distância entre a cintura e o fundilho da calça.

Para ficar confortável, deve estar rente ao corpo, mas sem apertar quando você se sentar. Faca é a denominação dos bolsos frontais. O corte diagonal dá um toque casual à peça. Nos modelos mais formais, os bolsos são colocados em linha reta, escondidos na lateral da calça. Besom são os bolsos traseiros da calça e dos paletós elegantes. De forma discreta, parece só uma casa de botão, mas tem muito espaço embutido. As calças são confeccionadas com dois tipos de pregas: embutida e lateral. A prega embutida fêmea é uma boa opção para pessoas magras, pois dá volume aos quadris. As pregas laterais, também conhecidas como prega macho, são voltadas para fora, diminuindo o volume dos quadris.

Calças Jeans

Quando você vê uma vitrine com diversas calças jeans, você deve pensar: "vou comprar qualquer uma, elas parecem todas iguais", certo? Errado! Elas são confeccionadas em diversos tipos de tecidos, cores e nos modelos abaixo.

- Authentic: modelagem clássica com gancho mais alto, caimento reto no joelho e boca com medidas folgadas.

- Regular: modelagem tradicional com gancho alto, joelho e caimento reto.

- Low rise: modelagem contemporânea, gancho baixo, coxa, joelho e boca com medidas estreitas e caimento ajustado.

- Fitted: modelagem moderna, gancho baixo, coxa e joelho com medidas ajustadas, boca estreita e caimento slim.

Quanto aos tecidos, eles podem ser:

- Bruto: é o tecido em sua cor de origem. Com paletó e camisa social formam um conjunto elegante e moderno.

- Estonado: é a tonalidade que mais encontramos nas ruas. É muito usado em peças casuais, mas cai muito bem com camisas sociais.

- Delavê: é um jeans claro, macio e tem jeitão de destruído. Boa opção para o verão.

- Black: muito utilizado na confecção das calças skinny, aquelas justas no corpo.

O jeans pode passar por inúmeros processos de lavanderia. Alguns utilizam apenas um amaciamento, enquanto outros podem passar por vários processos de lavagem. As combinações podem ser clássicas ou modernas.

Fazendo a barra

Finalizando o item relativo a calças, vamos a algumas dicas para fazer uma barra perfeita:

- Com sapatos: sua coleção de calçados tem o mesmo padrão? Escolha um, calce e vá ajustar a barra de sua calça. A marcação deve ser enviesada, levemente mais curta na frente e mais longa na parte de trás. Termina no limite entre o final do salto e o começo do sapato. Para não ficar curta em cima, a dica é deixar uma pequena sobra de tecido para cobrir o cadarço.

- Sem os sapatos: se os seus sapatos têm estilos muito diferentes, fique descalço para ajustar a barra. Ela deve raspar no chão na parte de trás e sobrar um pouquinho na frente, sobre o peito do pé. A variação na altura do solado e do salto deve ser levada em conta.

- Em calças afuniladas: os ajustes devem estar mais próximos do corpo e as barras se adaptando ao novo estilo. Nesse caso, a barra pode subir um pouco. Conte com um centímetro acima da medida padrão.

Bermudas

Em um país de clima tropical como o nosso, a bermuda faz parte do guarda-roupa do homem moderno durante todo o ano. Confeccionadas em diversos modelos, tecidos e cores, podem ser usadas com camisas casuais, polos ou camisetas. Para compor o visual esportivo, usar tênis, siders ou chinelos.

Cintos

Usar o cinto certo é a garantia de que seu visual vai ficar superinteressante, pois o acessório deixou há tempos de ser um simples item funcional ou supérfluo. Saindo da mesmice, você pode ser um executivo, roqueiro ou esportivo descolado e, como a sua personalidade é demonstrada nos detalhes do seu visual, escolha a cara do cinto que combine com o seu personagem. O cinto do cotidiano é preto ou marrom básico, mas, após o expediente, a criação de possibilidades em materiais e aplicações fica por sua conta. Para os conservadores, a cor do sapato e do acessório deve ser a mesma ou parecida, sempre em um tom mais escuro que a roupa, mas, isso não é mais uma regra.

Uma regra básica do homem alinhado é saber como usar o cinto social, que normalmente tem fivelas cromadas e discretas. Eles têm a medida do cós da calça, com um acréscimo de dez a quinze centímetros. Possuem cinco furos e devem sempre ser afivelados no terceiro, para que fique no tamanho certo.

Caso necessite de ajuste, o mesmo deve ser feito com corte na parte da fivela. Não acrescente mais furos, pois descaracteriza o design do cinto. Com o surgimento de novos tecidos e modelagens, ele é usado para dar acabamento ao look e é responsável pelo diferencial da roupa.

O grau de informalidade do cinto aumenta com a sua largura e o tamanho e desenho da fivela, que normalmente é fosca. O couro em geral é mais espesso, podendo ser usado na composição de diversos looks.

No cinto de camurça, a maciez do lado interno do couro fica exposta, dando um toque aveludado, sendo muito usado em composições casuais. O cadarço é normalmente usado para criar tramas ou listras. O nobuck é um tipo de couro lixado, obtendo-se um toque aveludado e macio. Se você for daquelas pessoas que não gostam de cintos, tenha em seu guarda roupa pelo menos dois deles. O modelo tradicional, de couro liso, pode ser usado com qualquer tipo de produção. O cinto de fivela reversível tem duas cores e é famoso por sua versatilidade.

Meias

Quando o assunto é traje social, as regras para o uso de meias é rígida e fugir delas pode comprometer seu visual. Para os conservadores, as meias devem ter a mesma cor do terno, com exceção dos sapatos pretos, que sempre levam meias da mesma cor.

Por exemplo, para um conjunto cinza com sapatos marrons, a meia deve ser obrigatoriamente cinza. Nesse mesmo conjunto, se os sapatos forem pretos, as meias seriam pretas.

Calçados

Como as opções são infinitamente menores que a feminina, basta alguns bons calçados para você mostrar que se preocupa com sua imagem. Sempre que possível, renove sua coleção, acrescentando modelos modernos, bonitos e duradouros. Ao ter os cuidados necessários de conservação, você terá calçados por muito tempo. Por exemplo: nunca use o mesmo sapato mais de um dia seguido. Os bons modelos são forrados de couro natural, que absorve o suor dos pés e, por isso, é fundamental que o sapato respire, ou melhor, seque antes de ser usado novamente.

Guarde em local seco e, preferencialmente, com uma forma de madeira dentro ou simplesmente com o papel que o acompanha. Isso faz com que a forma se mantenha. Lavar com água vai deformar o material. Caso precise limpar os sapatos, utilize pano úmido. Nunca use graxa ou cremes à base de querosene. Em um primeiro momento, deixarão os sapatos lindos e brilhantes mas, com o tempo, o produto resseca o couro. Prefira produtos à base de água.

Detalhamento

FORRO
Revestimento interno do calçado. Os bons são de couro.

PALMILHA
Camada que fica sobre o solado, algumas tem amortecimento.

LÍNGUA
Cobre o peito do pé da amarração do cadarço.

ILHOSES
São os metais que cobrem os furinhos por onde passam os cadarços.

WING TIP
Típica dos modelos brogues, é uma costura em formato de asas.

CALCANHEIRA
Em forma de meia-lua, serve para reforçar a parte entre o solado e o calcanhar.

QUARTER
Pedaço de couro que cobre a lateral do sapato, do bico ao calcanhar.

SOLADO
Em vários materiais, como couro, borracha ou madeira.

PONTEIRA
Parte que vai desde o início do peito do pé até o bico do sapato.

WING TIP
Típica dos modelos brogues, é uma costura em formato de asas.

Fonte: Manual de Estilo **VR**

Tipos de amarração

PARALELO

Fonte: Manual de Estilo **VR**

Técnica clássica a chique. Dá firmeza aos pés.

1. Comece pelo último furo do lado esquerdo, enfiando a ponta de fora para dentro;

2. Cruze até o furo de cima, do lado direito;
3. Deixe cerca de 20cm de cadarço para o laço;
4. Cruze por baixo e enfie de dentro para fora, até chegar ao primeiro furo.

CRUZADO

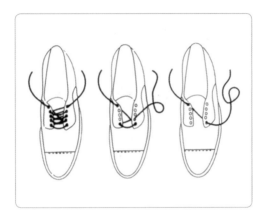

Fonte: Manual de Estilo **VR**

Menos elegante, porém mais confortável.

1. Comece por baixo;
2. Passe o cadarço pelos dois últimos furos, de dentro para fora;
3. Deve sobrar uma ponta de cada lado;
4. Cruze as pontas e enfie-as no próximo par de furos, de dentro para fora.

Principais características e modelos de calçados

- Para os executivos e engravatados, o sapato modelo oxford é o mais chique e formal de todos. É de amarrar, possui bicos arredondados, é todo costurado e não tem abas.

- O modelo derby é o primo do oxford, mas com abas na altura do cadarço, sendo muito utilizado por pessoas que tem pés altos.

- O brogue é aquele modelo com furinhos nas pontas ou em todo o seu redor. Pode ser de couro, nobuck ou camurça, com solado encorpado. Ele pode ser utilizado também na composição de looks casuais.

- O mocassim é um modelo sem amarração, elegante e prático.

- O modelo casual top sider era moda nos anos de 1980 e está retornando, confeccionado em diversos tipos de materiais. O top sider dá um tom esportivo no visual.

- O tênis denim é confeccionado em vários modelos, podendo ser de couro ou lona, sola de borracha, canos alto ou baixo e é muito usado com jeans ou bermudas.

- O tênis office é confeccionado em couro ou náilon. Com solado e cadarço na mesma cor, é uma opção moderna para substituir o uso do sapato.

- A chelsea boot é aquele modelo imortalizado pelos Beatles, que nada mais é do que a bota da fazenda com cara urbana. Ela pode ser usada, inclusive, com as roupas mais sociais.

- A bota oxford é a versão rural do sapato de mesmo nome. Ela pode ser usada com jeans ou looks mais descontraídos.

Bolsas e Cachecóis

Geralmente, o uso de bolsa e de cachecol gera uma dúvida cruel no mundo masculino. A maioria dos homens tem receio de inovar adicionando algumas peças fora do usual ao seu guarda-roupa, pois tendem a ignorar tudo que não seja boné ou cinto. Eles desconhecem as tendências, mas esses acessórios servem para acrescentar. Com algumas peças e acessórios diferentes, você poderá construir looks mais modernos e estilosos para as mais variadas ocasiões. Mudar o visual pode ser muito mais simples do que você imagina.

Principais modelos de bolsas

MOCHILAS
Podem ir muito além da mochila que você usava na escola. As versões casuais podem ser de vários materiais, cores e estampas. Existem os modelos mais discretos, que podem ser usados em quaisquer ocasiões, como as de couro e náilon.

TOTE BAG
É utilitária e elegante. Um novo modelo que vem em substituição à pasta carteiro e à pasta executiva. Pode ser de lona, náilon e até mesmo couro para os mais formais.

MALA DE MÃO
O design pode comportar várias formas. Das mais robustas e espaçosas até as discretas e elegantes. Utilizadas especialmente para uma viagem de fim de semana, com alça de mão e ombro. Em vários materiais como lona, couro e náilon.

PASTA EXECUTIVA
Os modelos atuais são feitos com couro de qualidade, geralmente estruturadas. Com a tradicional alça de mão, as novas versões são mais estreitas. Com bastante lugar para documentos, as novas versões ganham ainda mais espaço para os tablets.

PASTA CARTEIRO
São levadas junto ao corpo na lateral ou transpassada no ombro. Muito prática é uma solução bem resolvida para quem não quer se arriscar num design mais moderno. Vai desde lona até couro para guarda-roupas mais refinados.

Como usar o cachecol

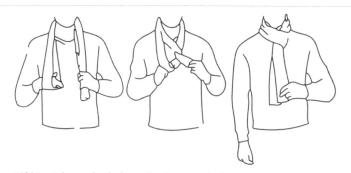

Nó básico: Dobre o cachecol pela metade, coloque em volta do pescoço e segure as extremidades. Passe as pontas por dentro do laço. Ajuste o nó e está pronto.

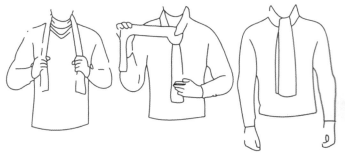

Nó intermediário: Coloque o cachecol atrás do pescoço. Cruze uma ponta com a outra e passe a ponta da direita por dentro da volta do pescoço. Ajuste o nó como se fosse de uma gravata.

Nó avançado: Coloque o cachecol em volta do pescoço com uma das pontas para as costas. Cruze atrás e jogue as pontas para frente. Faça um movimento em cruz e passe a ponta direita para dentro.

Fonte: Manual de Estilo **VR**

Ternos Femininos

A leitora deve estar pensando que nesse livro só falaremos de comportamento e moda masculina. A partir de agora, vamos enveredar pelos caminhos sinuosos e fascinantes da moda feminina, abordando um assunto que, com certeza, será de interesse de todas as mulheres elegantes, executivas ou não.

O terno feminino é uma versão feminina do tradicional traje masculino. Pela sua distinção e classe vestem mulheres do mundo todo, tanto em ambientes de trabalho quanto em festas formais. Revolucionário e provocante, o terninho pode ser considerado um marco na história do vestuário feminino.

Se voltarmos no tempo, veremos que até meados do século dezenove as mulheres só usavam saias e vestidos. Calça comprida e paletó de corte masculino era um escândalo. Porém, em 1966, o gênio da alta costura *Yves Saint Laurent* propôs o que haveria de mudar a história do guarda-roupa feminino: o **smoking para mulheres**. É lógico que, no início, a proposta foi recusada. Porém, a ideia foi sendo aceita paulatinamente e conquistando seu espaço no cotidiano feminino. Hoje em dia, pode ser visto no centro de qualquer capital, repartições públicas e em diversas instituições, sendo componente obrigatório do guarda-roupa feminino, usado para trabalhar, para festas e todas as vezes que se deseja projetar uma imagem de competência e elegância.

Apesar de pensarmos que o terno é composto de três peças (calça, colete e blazer), ele, na verdade, é composto somente de calça comprida e blazer. Por transmitir seriedade e uma imagem formal a quem o veste, é ideal para os ambientes de trabalho, podendo ser usado também em recepções e festas pois, se usado com os acessórios adequados, torna-se uma peça de extremo bom gosto. Por ser uma peça democrática, veste bem a qualquer um, confere autoestima e valoriza a mulher , pois deixa a mensagem de igualdade entre homens e mulheres no mundo dos negócios. Ao contrário da versão masculina, eles apresentam uma enorme variedade de cores, estilos e modelos, valorizando o corpo e as curvas femininas por serem mais soltos ou mais justos, conforme o tipo físico de quem o usa.

Os modelos de ternos femininos não seguem um determinado padrão, sendo suas linhas e cores adequadas ao tipo físico e personalidade de quem irá vesti-lo. Para exemplificar, vamos partir do tipo formal, o mais utilizado por mulheres executivas, e mostrar como montar outros tipos de looks, de fácil composição e não menos elegantes.

Para compor o **conjunto formal**, escolha como complemento diversos tipos de camisas brancas. Um look preto e branco é o mais clássico e mantém a formalidade. O colete completa o visual. Nos pés, sapatos do tipo inglês Oxford, com saltos, para deixar o conjunto mais feminino.

Para dar maior leveza ao terninho, substitua a camisa tradicional por uma blusa de babados em tom pastel, dobre as mangas e complete com um sapato de bico arredondado. Se depois do trabalho você tiver um encontro romântico, transforme seu "pretinho básico" com blazer sobre a pele, decote e alguns colares longos. Suba em um scarpin fenomenal. A carteira complementa o look.

Caso o ambiente seja informal, vá de camiseta lisa ou estampada e use sapatilhas coloridas para compor com harmonia o restante do conjunto. Como pudemos ver, o terninho feminino é uma opção versátil e elegante, onde o importante é adequar o look ao ambiente e escolher os acessórios corretos para completá-lo. De agora em diante, use sua imaginação para brilhar! Nos próximos capítulos, falaremos mais sobre elegância feminina.

Tipos de Trajes

Aconteceu comigo

Em 2005, eu estava à frente de uma instituição de formação profissional em uma capital no nordeste do país. Era um cargo de responsabilidade, que me dava certa importância no contexto social da cidade.

Certo dia, recebi um telefonema de uma pessoa influente na região, fazendo um convite para uma festa de inauguração de um centro de atendimento a menores carentes, o qual aceitei prontamente. Por sermos amigos, o convite foi verbal, indicando o local, a data e o horário. Como era um evento de inauguração no horário noturno, calculei que o traje adequado seria o social. Muito bem. Terno escuro, camisa social e gravata formavam um look legal, principalmente sendo eu uma figura de destaque na região.

> Quando estava chegando, ouvi o som que estava sendo tocado no local do evento e, para meu espanto, era música junina pois, naquele dia, 24 de junho, comemorava-se o dia de São João, muito comemorado na região nordeste. Fiquei gelado, perdi a fala quando entrei no recinto e notei que quase todos estavam vestidos com roupas apropriadas para os festejos juninos — e eu de terno escuro, camisa e gravata. Foi uma entrada triunfal, parecia um extraterrestre chegando. Depois do susto, voltei ao carro, deixei o paletó e a gravata, e me deliciei com a festa e seus quitutes. Esse mico serviu de lição!

Relatei esse caso para que o leitor não passe o vexame que passei. Quando for convidado para qualquer tipo de evento, leia no convite o tipo de traje solicitado e comece a planejá-lo para que não se torne um estranho no ninho, com roupas inadequadas para a ocasião.

Para auxiliá-lo, vamos descrever os principais tipos de trajes e em quais ocasiões eles deverão ser usados. Vamos lá!

Vamos começar pelo **traje esporte**. É uma produção casual, nada sofisticada, onde quase todo tipo de traje é aceito, exceto roupa de ginástica. Normalmente é solicitado em eventos diurnos, tais como almoços com parentes e amigos, comemorações familiares e o famoso churrasco de final de semana. Você não precisa fazer nenhuma produção luxuosa ou sofisticada, mas também não vá sair desarrumado de casa, pois esse desleixo não faz parte de sua vida.

O **traje esporte masculino** é composto normalmente por calças de brim ou jeans, camisas polo ou esportivas e, completando o visual, mocassim, tênis office ou bota oxford. Para realçar o visual em tempos frios, use jaquetas, suéteres ou blazer de veludo ou couro. O **traje esporte feminino** pode ser composto por vestidos curtos, saias, jeans ou bermudas, dependendo do local e da ocasião. Use calçados de salto baixo, sapatilhas ou botas, caso esteja fazendo um pouco de frio. Completando o visual despojado, bolsas esportivas de diversos modelos, maquiagem discreta e acessórios sem muito brilho.

O **traje passeio** ou **esporte fino** é utilizado em almoços mais formais e eventos diurnos. Pode ser um traje com certa dose de sofisticação, porém, sem o uso de jeans.

O **traje passeio masculino** pode ser composto por calça em tom claro e blazer mais escuro, com ou sem gravata, dependendo do tipo de evento. Caso seja um evento noturno, o uso de gravata é indicado. O sapato deve ser social ou mocassim, preferencialmente nas cores preta ou marrom. A composição do **traje passeio feminino** deve seguir o estilo de quem vai usá-lo, já que vestidos, terninhos ou outras peças podem ser combinados com bom gosto. A composição do vestuário feminino para esse tipo de traje pede tecidos com pouco brilho. Sapatos com saltos mais altos e bolsa completam o look. Para um diferencial, use lenços e echarpes, uma maquiagem mais leve e aquele trato nos cabelos.

O **traje social** ou **passeio completo** é normalmente solicitado para eventos sofisticados e chiques ou ocasiões especiais como casamentos, óperas ou recepções requintadas.

O **traje social masculino** deve ser composto por terno escuro, camisa e gravata. Nesse tipo de evento, o terno com calça, paletó e colete é o mais indicado, mas calça e paletó escuro com camisa e gravata podem dar um tom mais informal. No **traje social feminino**, o uso do vestido longo não é obrigatório, podendo ser substituído pelo longuete, aquele vestido na altura do joelho. Tailleurs, terninhos, ou saias e blusas devem ser confeccionados, preferencialmente, em tecidos mais sofisticados. Toda mulher elegante deve evitar o excesso de brilhos e bordados, bem como grandes decotes e fendas nas saias. Esse tipo de excesso pode demonstrar certa vulgaridade. Não se esqueça de marcar hora no cabeleireiro, pois esse tipo de roupa requer penteado e maquiagem mais elaborados.

O **traje a rigor** ou **black-tie** costuma ser solicitado para eventos com alto grau de sofisticação e formalidade. Geralmente, é usado em eventos de gala, premiações e bailes de formatura.

O **traje a rigor masculino** é composto, necessariamente, de smoking completo. No **traje a rigor feminino**, os vestidos longos são os mais comuns. Os vestidos curtos podem ser usados, desde que confeccionados em tecidos nobres. A mulher elegante deve estar sempre alerta para o uso de decotes, transparências e fendas, para não ficar com aparência vulgar. Para composição final do look, use sandálias com saltos finos e altos. Fique deslumbrante apostando em um penteado preso.

Etiquetas

Especificações nas Etiquetas

Fonte: Manual de Estilo **VR**

Traduzindo a Etiqueta

A etiqueta slim fit indica que os produtos possuem modelagem mais ajustadas ao corpo, eliminando aquelas sobras indesejáveis de tecidos. As camisas passam a ter menos tecido na região abdominal e nos braços. Os ternos ou costumes se tornam mais acinturados e com as medidas dos ombros e cava menores, tudo feito dentro de normas rígidas, a partir de estudos minuciosos de modelagem e anatomia, para proporcionar conforto e elegância ao vestir.

A indicação stretch é para os produtos confeccionados a partir de tecidos de malhas com a presença de elastano ou outras fibras com elasticidade natural na sua composição. Permitem maior mobilidade, garantindo um look mais moderno e atual, obtido pela utilização de tecnologia avançada em sua tecelagem, possibilitando cortes e modelagens mais ajustadas ao corpo.

Visagismo

Como diz o ditado, a primeira impressão é a que fica. Quando essa impressão depende da leitura que é feita de nosso visual, o rosto é a carta de apresentação, pois é o que se vê primeiro. Uma imagem fala mais do que palavras, ainda mais se tratando da imagem pessoal, pois a reação de quem olha é meramente emocional, não sendo necessário conhecer nenhuma técnica para reconhecer as mensagens transmitidas pela imagem do outro.

Como diz Philip Hallawell, um dos maiores nomes do visagismo no Brasil:

"O visagismo é a arte de criar uma imagem pessoal que revela as qualidades interiores de uma pessoa, de acordo com suas características físicas e os princípios da linguagem visual — harmonia e estética —, utilizando a maquiagem, o corte, a coloração e o penteado do cabelo, entre outros recursos estéticos, buscando-se a elaboração da imagem ideal para cada tipo físico".

E por que visagismo é importante? Ainda segundo Hallawell, em seu livro *Visagismo: harmonia e estética,* uma das vantagens do visagismo é:

"Poder oferecer ao cliente a criação de uma imagem personalizada e única é um grande diferencial e atende a uma das principais necessidades de todos: criar uma identidade autêntica por meio de sua imagem. Uma imagem que revela qualidades e que valoriza o que é único e especial em cada um – não só de seu físico, mas também de seu ser".

Principais tipos de rostos

Para eliminar dúvidas quanto ao assunto, vamos detalhar os diversos tipos de rostos masculinos e femininos para que o leitor identifique qual o seu tipo ideal e possa tomar os cuidados necessários para dar uma turbinada em sua aparência, não esquecendo de que a primeira impressão é a que fica.

Rosto quadrado: é o típico rosto masculino, onde o queixo tem posição de destaque. No seu desenho, nota-se que a largura da testa e do maxilar são aproximadamente iguais, com as laterais da face retas.

Rosto triangular: como o próprio nome diz, esse tipo de rosto apresenta uma testa reta, formando a base do triangulo, e um queixo mais fino e pontudo semelhante ao vértice do triangulo.

Rosto redondo: sua principal característica é que seu perímetro tem a forma aproximada de um círculo. Por não possuir muitos ângulos fortes, proporciona um aspecto jovem, quase infantil.

Rosto retangular: pessoas com este tipo de rosto tem a proporção mais próxima da forma quadrada. Ele é mais comum em pessoas de origem europeia.

Rosto oval: pessoas de rosto oval possuem a testa meio arredondada, porém, não muito largas e as têmporas não muito profundas. Durante muito tempo foi considerado como modelo de beleza, contestado atualmente.

Rosto triangular losango: esse tipo de rosto é quase igual ao rosto triangular invertido. A diferença está na testa, mais estreita e, ao invés de ser reta, faz uma curva pronunciada.

Rosto triangular de base baixa: o ponto que diferencia esse tipo de rosto é sua mandíbula larga e quadrada, enquanto a testa é pequena e estreita. É conhecido como rosto em forma de pera.

Rosto Hexagonal: esse tipo de rosto tem a base reta e a testa em forma de trapézio. As maçãs do rosto são salientes, a testa não é larga e o queixo tem formato quadrado.

Tipos de rostos x tipos de colarinhos

Você sabia que existem diversos tipos de colarinho de camisa? Mas tem muito marmanjo por aí achando que qualquer camisa é camisa, e não é bem assim. Veja aqui como usar cada um dos colarinhos sem pagar mico. Vejamos como identificá-los, tomando como base alguns tipos padrões de rostos.

Rosto estreito e com queixo comprido: colarinho alto, com abertura moderada. Os alfinetes que prendem o colarinho ajudam porque introduzem um elemento horizontal ao conjunto, fazendo-o parecer mais largo. Evite gravatas estreitas e colarinhos pontudos.

Rosto largo com pescoço grosso: colarinho de pontas e mais aberto, para compensar a largura do rosto. Evite colarinhos pequenos e arredondados, camisas de cor com colarinhos brancos, que acentuam as linhas horizontais.

Rosto oval: vai bem com qualquer tipo de colarinho, mas os de forma arredondada acentuam os contornos roliços da face. O mais indicado é o pontudo e mais aberto.

Feita a comparação, vamos visualizar os diversos tipos de colarinhos e, mais adiante, os nós de gravatas mais adequados para cada camisa.

O **colarinho inglês**, pelo seu formato alongado e pontiagudo, pode ser usado sem gravata e na composição do traje esporte fino. Combina muito bem com ternos slim fit e com paletós dois botões. Ajuda a alongar aqueles rostos mais arredondados.

O **colarinho francês**, pelo seu próprio formato, combina com todos os tipos de rostos e de paletós, fazendo com que se torne o mais básico de todos os modelos de colarinhos de camisas.

O **colarinho italiano** deve ser usado sempre com aquelas gravatas com nós maiores. Se você é do tipo "cheinho", opte por um tipo de colarinho que alongue o seu rosto.

O **colarinho americano** é ideal para quem é mais magro ou é do tipo fashion. É mais adequado para seus ternos modernos e ajustados. Deve ser usado com gravatas bem estreitas.

Conferindo o Visual: Detalhes que Fazem a Diferença

Como vimos nos capítulos anteriores, qualquer pessoa pode ser elegante, desde que seja natural e autêntica. Sabendo escolher corretamente o que vestir e tendo comportamento e atitudes adequadas a cada situação, sua imagem será sempre positiva. Essa imagem deve ser compatível com a impressão que você gostaria de passar aos outros e são os pequenos detalhes que podem realçar ou rabiscar sua imagem. Vejamos alguns exemplos.

No homem:

- Nos trajes sociais, a meia deve ter a mesma cor do sapato, devendo ser de cano mais longo para não deixar a canela à mostra quando o homem estiver sentado;

- No traje esporte, a cor da meia deve combinar com a cor do sapato ou da camisa que estaremos usando. Nunca devemos combinar azul-marinho com marrom, nem cinza com marrom;

- Sapato, cinto e bolsa ou pasta devem ser da mesma cor;

- Não devemos usar suéter nem colete de lã com traje escuro formal;

- Não se deve adotar o branco total, a não ser se sua profissão pedir;

- Tons pastel são mais agradáveis que os tons berrantes, porém, nunca diga "tons pastéis";

- Roupas lisas são melhores que as estampadas;

- Bijuterias grandes só para mulheres altas;

- Se estiver de terno branco, o sapato ideal é o bicolor, nunca preto ou marrom;

- Nos locais de clima frio, homens e mulheres costumam usar chapéus, mas só ao ar livre;

- A calça deve ser usada na altura da cintura e não debaixo da barriga. Se tiver pregas, elas devem ficar fechadas quando em pé e devem abrir só um pouco quando sentado;

- O número de pregas varia em função da moda. Muitas pregas tendem a aumentar a barriga ao invés de disfarçá-la, dando a impressão de balão;

- A mão deve poder entrar entre o cinto e o estômago, assim como o dedo deve poder entrar entre o colarinho e o pescoço;

- O paletó deve cobrir a linha abaixo das nádegas;

- A parte de trás do colarinho da camisa deve aparecer em torno de um centímetro acima da lapela do paletó;

- O colete deve sempre cobrir a fivela do cinto e o seu último botão deve ficar aberto;

- Paletós com ombros muito largos dão a impressão de que a cabeça é muito pequena. Ombros muito estreitos provocam o efeito "cabeção". Busque o equilíbrio;

- O vinco da calça deve correr pelo meio do joelho e terminar no meio dos sapatos. Calças jeans não são vincadas;

- Fivelas de cintos devem ser discretas. Com trajes formais, só use relógios clássicos. Camisas listradas caem melhor com ternos lisos e camisas de manga curta não devem ser usadas com paletó;

- Só se admite dobrar a manga de uma camisa dando uma volta sobre o punho. Mais do que isso é considerado deselegante;

- Paletós desestruturados não caem bem para homens de estatura baixa ou mediana com barriga pronunciada. Este tipo de paletó só valoriza os homens altos e magros;

- A gravata deve ter a ponta tocando a fivela do cinto. O nó muito pequeno caiu de moda, hoje está se usando o nó médio. Prendedores de gravatas são colocados 20 centímetros acima da ponta. O lencinho no bolso não é igual à gravata, serve para compor o traje;

- A bainha da calça deve estar na altura da metade do contraforte do sapato;

- A manga do paletó deve terminar onde o punho se encontra com a mão, permitindo que 1,5 centímetro do punho da camisa apareçam. O ideal é que o paletó seja caseado na manga, quando se deve deixar o último botão aberto;

- A escolha da roupa deve recair sobre o estilo clássico. Assim, corremos menos risco de errar. Após as seis horas da noite, não use terno claro nem marrom;

- Não compareça ao trabalho barbado, despenteado ou sem desodorante;

- Não use meias surradas e desbeiçadas, gravatas de desenhos animados são terríveis de se ver;

- Antes de calçar os sapatos ou o tênis, aplique dentro dele um pouco de polvilho antisséptico, pois evita o suor e o conhecido odor desagradável;

- Sapato muito usado e cintos e maletas com o couro gasto acabam com qualquer elegância. Mochilas não combinam com ternos;

- Anéis de grau, corrente e esmalte nas unhas são detalhes que caíram em desuso pelos homens elegantes. As unhas devem estar limpas, cortadas e polidas. O telefone celular deve ficar dentro do bolso;

- Cuidado: pelos do nariz e do ouvido, bem como os cabelos do contorno da nuca, devem ter manutenção constante.

Na mulher:

"Uma mulher elegante não é necessariamente uma mulher que veste alta-costura. Elegância é atitude". Paco Rabanne

- Tenha sempre em mente: não existe mulher feia, existem aquelas mal cuidadas;

- Os cabelos mal tratados, raiz aparecendo, manchado, despenteado, com caspa, causam má impressão, demonstrando relaxamento e falta de higiene;

- Os dentes também chamam muito a atenção, pois são eles que aparecem quando sorrimos e um sorriso bonito é contagiante. Mantenha-os limpos fazendo uma correta higiene bucal;

- O protetor solar deve ser a segunda pele do nosso rosto. A exposição direta ao sol causa manchas e provocam o envelhecimento precoce da pele;

- A sobrancelha deve estar sempre bem feita. Ela valoriza o que, geralmente, a mulher tem de mais bonito no rosto, aquele olhar feminino, pois chama a atenção para essa área do rosto da mulher;

- Use sempre batom ou um brilho, eles dão grande destaque em sua boca;

- Cuidado redobrado com suas unhas, elas precisam estar bem lixadas e com uma base ou algum esmalte da moda;

- Tenha sempre um perfume suave para chamar de "seu cheiro". A escolha da fragrância requer alguns cuidados. Pesquise bem antes de comprar ou adotar um determinado perfume;

- Para ser uma mulher bem vestida. não peque pelo exagero. Vestido curto, justo e decotado não é bonito, pelo contrário, pode se tornar vulgar;

- Ao usar um vestido curtinho prefira um com corte reto e decote suave. Um vestido longo e solto pode ficar bem com um decote maior. Agora, se a opção for por um vestido justinho, prefira aqueles com comprimento na altura dos joelhos e um decote comportado. Não se esqueça. Tudo ao mesmo tempo não dá certo;

- Se a ocasião exige um vestido clássico, não tenha dúvida em optar por um "pretinho básico". Tenha sempre em mente que o clássico não é somente aquele "pretinho", ele pode ser confeccionado em cores e modelos diversos;

- A roupa deve valorizar o seu corpo e, por isso, procure comprá-las no seu tamanho. Ao vestir uma roupa muito justa, o zíper e os botões ficam em evidência, deixando aquela impressão de desleixo. Se você vestir roupas tamanho 40, não tente entrar no modelo 38;

- Use a roupa sempre com elegância. É muito inadequado abrir a blusa além do necessário, a alça do sutiã aparecer, "pagar cofrinho", zíper aberto, etc. São situações que demonstram total desleixo, além de serem micos monumentais;

- Use sempre o traje adequado ao ambiente que você for frequentar. Para eventos profissionais ou noturnos, trajes mais sóbrios. Se você for a um almoço com amigos, o traje deverá ser casual;

- Leve sempre, na bolsa, escova de cabelos, batom e o que mais precisar para se manter elegante;

- Tenha sempre no armário um sapato preto básico, que poderá ser usado em ocasiões diversas. Faça arrumações periódicas, eliminando peças antigas e desatualizadas. Não seja escrava de modismos. Mantenha seu guarda-roupa sempre atualizado;

- Tenha o hábito de se olhar no espelho, de frente e de costas, para dar aquela conferida geral;

- Para ser elegante e estar sempre bem-vestida, seja clássica e use sempre o traje certo para cada ocasião. Não cometa excessos, você não precisa de artifícios para brilhar;

- A cor cinza perto do rosto abate a fisionomia. Deve-se acrescentar um elemento claro, como gola ou colar de pérolas. Mulheres negras devem evitar a cor preta ou marrom perto do rosto;

- O preto total não emagrece, é aconselhável inserir um elemento claro para dar equilíbrio ao conjunto;

- Tecidos brilhantes são mais para a noite. Os botões devem ser escolhidos com muito cuidado;

- Óculos de grau devem buscar uniformidade com o tom da pele e do cabelo, destacando-se o mínimo possível no rosto;

- Armações escuras dão um ar pesado à fisionomia e costumam envelhecer;

- Os suportes no nariz geram marcas no rosto depois de certo tempo de uso constante.

CAPÍTULO 4

VIAJANDO A NEGÓCIO: COMO PASSAR UMA BOA IMPRESSÃO

Planejando a Bagagem Adequada

Aconteceu comigo

Em minha última viagem à Europa em 2008, estava previsto um período de 30 dias fora de casa. Como os preços cobrados pelas lavanderias são altos, não quis me expor a gastos desnecessários.

De nada adiantou meus conhecimentos sobre viagens, pois levei um número excessivo de itens, fiquei com uma mala extremamente pesada e difícil de carregar. Como trouxe algumas lembrancinhas para a família, ainda paguei excesso de bagagem no aeroporto de Lisboa. Ao voltar de viagem, com menos cem dólares no bolso, notei que não utilizei nem metade dos itens que estavam na mala. Apesar de tudo, tive que comprar meias e camisas para serem usadas em ocasiões especiais. Isso serviu de exemplo!

Uma mala bem-organizada pode garantir uma viagem sem preocupações. Convém lembrar que, no exterior, os serviços de carregadores são razoavelmente caros e nos trens da Europa não despacham malas e bagagens. Planeje bem a arrumação de sua bagagem, deixando espaços para as lembrancinhas e, o que é melhor, pagando menos pelo excesso de peso.

Todo mundo deve ter um bom jogo de malas, independente de marca, formato ou cor. O ideal é que esse conjunto seja composto de uma mala grande e uma média, ambas com rodas, e uma de mão, pois os valores pagos aos carregadores costumam ser altos. Se for comprar uma mala nova, escolha modelos de quatro rodinhas e, se for adepto da mochila, use mochilas com rodinhas ou as que o peso possa ser dividido entre os ombros e a cintura. É preciso verificar se a bagagem será fácil de acomodar nos compartimentos de aviões, ônibus e trens.

É importante que todas as malas tenham identificador de fácil visualização que funcione como um diferencial na esteira. Tranque a mala, com segredo ou utilizando pequenos cadeados coloridos que, além de personalizarem, podem ajudar na identificação da mala. Se for para os Estados Unidos, procure usar cadeados autorizados, que podem ser abertos pela segurança do aeroporto. Não tire os olhos de sua bagagem, independentemente de onde estiver.

Para evitar um excesso de bagagem, faça um levantamento das peças que pretende levar, formando um conjunto adequado composto de peças que combinem entre si: as cores bege, preto, marinho e branco são cores neutras e fáceis de combinar. Os utensílios de toalete devem ser acomodados em uma necessaire, levando maquiagem e acessórios em uma bolsinha separada. A maleta de mão deve levar artigos de mais valor e uma muda de roupa, pois a bagagem pode ser extraviada. Não se esqueça de retirar das malas etiquetas de viagens anteriores. Os remédios devem ser levados nas embalagens originais e sempre com suas receitas, de preferência com letra legível. Se usar lentes de contato, leve as descartáveis ou um par de lentes reserva. Antes de iniciar a arrumação para sua viagem, vale a pena atentar para os pesos e as medidas limites de sua bagagem.

Nos voos nacionais, o passageiro pode levar vinte quilos de bagagem na classe econômica e trinta na executiva ou primeira classe. Nas linhas regionais, o limite é de dez quilos em aviões com até vinte assentos e de vinte quilos em aviões com mais assentos. As taxas para excesso de bagagem geralmente correspondem a 1% do valor do bilhete não promocional. Em voos regionais, a taxa para os aviões de pequeno porte é de 2% do valor da tarifa e, para aviões maiores, de 1%. Nos voos internacionais, a franquia varia de acordo com o país de destino. Para os Estados Unidos é possível levar dois volumes, cada um com peso máximo de 32 quilos e 158 centímetros de dimensão, que corresponde à soma do comprimento, largura e altura. Os passageiros menores de dois anos não têm direito à franquia para sua bagagem. Para animais de estimação, a franquia também é vetada.

Lembre-se que alguns objetos não podem ser levados na bagagem despachada, entre eles: armas de fogo, líquidos e sólidos inflamáveis, materiais magnéticos, radiativos ou oxidantes, material irritante, munições, explosivos e fogos, produtos venenosos ou corrosivos. Caso tenha necessidade de transportar algum desses produtos ou artigos frágeis e perecíveis, o ideal é consultar a empresa transportadora e verificar os procedimentos necessários e legais.

Nos voos domésticos, é permitido levar bolsa de mão, maleta ou equipamento com peso máximo de cinco quilos e com dimensões de até 115 centímetros. A bagagem de mão deve caber embaixo do assento ou nos compartimentos acima das poltronas e não pode incomodar os demais passageiros, nem ameaçar a segurança do voo. Para as viagens internacionais, esse limite depende de normas específicas fixadas por convênios. Caso você leve joia, documentos, dinheiro, notebook, máquina fotográfica, filmadora, telefone celular e outros bens de valor, eles só podem ser transportados em sua bagagem de mão. Atenção: **a companhia aérea não se responsabiliza por danos em bagagens de mão ou objetos de uso pessoal**, a não ser quando ficar provado que o prejuízo foi causado por algum funcionário da empresa.

Os serviços prestados nas lavanderias de hotel são onerosos e de morados. Como precaução, leve um pequeno recipiente com sabão em pó e amaciante para lavar pequenas roupas no próprio banheiro. Não esqueça também de levar o ferrinho de passar roupa e o adaptador de tomadas. Indo para locais de clima frio, não esqueçam o casaco, luvas e demais apetrechos.

Importante: chegue sempre com antecedência aos terminais de embarque. Confira sempre a passagem: empresa, nome do passageiro, data, número da poltrona, trecho e horários. Confirme sempre o retorno e marque suas reuniões e compromissos sempre levando em conta um possível atraso. É Sempre bom estar prevenido de possíveis imprevistos.

O que levar na bagagem

Agora que já vimos quase tudo sobre bagagem, vamos planejar sua composição. Nosso planejamento deve começar com informações básicas a respeito da viagem, tais como duração, temperatura do destino, oscilações do clima, local de hospedagem, principais eventos, tempo estimado com cada tipo de roupa, etc. Cuidado para não organizar uma mala tão pesada que você tenha dificuldade de carregar. Feito isto, vamos escolher o que colocar na bagagem. Preferencialmente, devemos optar por peças coordenadas a partir de uma cor e que combinem entre si. Outra opção são as cores neutras. Escolha, também, peças com tecidos que não amassem, cada vez mais comuns em nosso vestuário. Não devemos esquecer as roupas consideradas imprescindíveis: o "pretinho básico" para as mulheres e um terno azul-marinho para os homens, quando em viagens de negócios. O azul-marinho pode ser combinado com uma calça cáqui em uma ocasião menos formal e com o terno em ocasiões formais. E, para ambos, calça jeans não pode faltar.

Ao iniciar a arrumação, coloque primeiramente os itens que podem amassar no fundo da mala. Não disponha as roupas de qualquer jeito, faça uma mala organizada e funcional. Em seguida, estenda alternadamente as calças, vestidos e saias longas no fundo da mala deixando as pernas das calças para fora, colocando uma sobre a outra. Feito a base da mala, espalhe as peças menores por cima das maiores. Faça com as camisas o mesmo procedimento das calças. Não se esqueça de abotoá-las, dobrar as mangas para trás um pouco abaixo da cintura e, principalmente, alternar os sentidos dos colarinhos equilibrando a mala. Para reduzir o volume, procure diminuir ao máximo as dobras das roupas. Ao dobrar calças ou vestidos, coloque outras peças no meio delas evitando que as dobras fiquem marcadas.

Na próxima etapa, envolva todas as roupas com as pernas das calças e vestidos. Os espaços que sobraram deverão ser preenchidos com peças menores. No caso das camisetas, dobre-as em rolinhos, pois não criam dobras e cabem em lugares pequenos. Algumas peças pequenas, como cintos e meias, podem ser acondicionadas dentro dos sapatos. Leve somente três ou quatro pares de sapatos, sendo um para cada ocasião. Não se esqueça do tênis, sandália e chinelos. Os calçados devem estar acondicionados em sacos de pano ou plástico e separados das roupas.

Deixe bem à mão pijamas, chinelos e algum material de uso pessoal. Para concluir, coloque os casacos ou paletós pelo avesso, dobre em quatro e coloque-os por cima de tudo. Utilize as bolsas laterais da mala para acomodar lenços, gravatas, acessórios femininos e outras peças pequenas. Nas bolsas laterais podem ser acondicionados: sacos plásticos para colocar as roupas sujas, carregadores para câmera fotográfica e celular, adaptador de tomadas e pequenos reguladores de voltagem para aparelhos bivolts. Procure um lugar para acomodar uma bolsa reserva para aquelas compras de impulso.

Para a viagem, escolha uma roupa bem confortável. Se possível, vá vestindo algo que ocuparia muito lugar, assim você economizará espaço na mala. Chegando ao hotel, desfaça as malas, retirando e pendurando adequadamente as roupas que amassam.

Para acabar com os vincos e marcas nas roupas retiradas das malas, pendure as peças em cabides e aproveite o vapor do chuveiro para desamassá-las durante o banho.

Bagagem de mão

Sua bagagem a ser despachada está pronta, agora vamos planejar sua bagagem de mão. Não se esqueça de levar originais e cópias dos documentos de identificação pessoal ou passaporte, e vouchers impressos, bem como as reservas do hotel e do carro. Remédios que precisam ser usados até a chegada ao destino devem ser colocados na bagagem de mão. É bom levar com você também itens de uso pessoal, como pasta e escova de dente, desodorante, pente ou escova de cabelo. Uma dica muito importante é sempre levar uma muda de roupa na bagagem de mão, para o caso da mala ser extraviada, pois não devemos chegar despenteados e mal arrumados ao nosso destino.

Viagens de Navio

Atualmente, como estímulo pelas metas alcançadas, anos de dedicação à empresa ou promoções de cargos, mais e mais empresas premiam seus colaboradores com as viagens de incentivo e o cruzeiro marítimo está entre as opções mais escolhidas pelos premiados, seja por seu glamour ou pelas facilidades oferecidas para aquisição do serviço.

O sonho de um cruzeiro marítimo com a família, sem pensar em trabalho, é uma excelente escolha, e é normalmente programado para períodos que não coincidam com o período de férias da empresa.

Viajando a negócio ou de férias com a família, os procedimentos a bordo são os mesmos e devem ser seguidos à risca. Até o final desse capítulo, você terá todas as informações necessárias para fazer uma excelente viagem, sem pagar nenhum tipo de MICO.

Ao optar por esse tipo de viagem, além de estar em contato com os mares da vida, você poderá desfrutar de instalações e serviços de um hotel de luxo flutuante, com a possibilidade de ter todos os serviços incluídos no preço inicial, caso seu pacote seja *All Inclusive* (Tudo Incluído). Nos navios maiores, o passageiro encontra uma variedade de lojas, conhecidas como free shops, que vendem roupas, perfumes, acessórios, joias, tabacaria e bebidas. É importante saber que é terminantemente proibido levar animais de estimação nos cruzeiros marítimos.

Para atender essa demanda, o Brasil está entre os países com maior número de agências de viagens que oferecem cruzeiro marítimo. Nesse tipo de viagem você tem, por obrigação, que exercer e praticar os princípios básicos de etiqueta social, pois a convivência é intensa durante todo o período de duração da mesma. O navio é uma cidade flutuante, oferecendo aos passageiros uma gama de atividades orientadas por normas rígidas de segurança e de conduta. As leis a bordo são rígidas e alguns procedimentos incorretos não são aceitos por parte da tripulação, podendo ocasionar problemas que poderiam ser evitados caso essas regras fossem cumpridas. Recusar-se a participar dos exercícios de salvamento, por exemplo, permanecendo ostensivamente na cabine, é considerada uma falta grave, assim como chegar atrasado ao salão de refeições (principalmente se for convidado do comandante), ocupar a primeira espreguiçadeira que encontrar no convés (elas devem ser reservadas antes com o comissário) e declinar um convite para a mesa do comandante (só por motivo de saúde essa gafe é perdoada).

A hierarquia deve ser seguida em sua totalidade. O comandante é a autoridade máxima a bordo e os comissários são as pessoas a quem você deve se dirigir para todas as solicitações. Durante o cruzeiro, o capitão tem a total responsabilidade pela segurança do navio, dos passageiros e de sua tripulação. Sua palavra é ordem!

Logo ao embarcar, procure entrosar-se com os outros passageiros. Ao contratar um cruzeiro, você poderá compartilhar uma cabine comum com uma pessoa desconhecida. Seja civilizado e deixe que ela escolha o leito, mantendo o máximo de tolerância. Conserve tudo arrumado e evite ao máximo perturbar os outros. Verifique o plano das mesas à entrada do restaurante, pois os lugares são marcados com antecedência. Sendo o comandante a principal autoridade a bordo, seu convite deve ser aceito sem restrições. Em cada noite da viagem, um grupo de passageiros é convidado a participar de sua mesa durante o jantar. Quando for convidado a participar de sua mesa, jamais recuse, isso é prova de grande distinção. Cumprindo a hierarquia e os princípios de etiqueta, todos os convidados devem estar nos lugares designados quando ele chegar para a refeição e só devem se levantar depois que ele o fizer. Importante: os convidados só começam a comer depois dele.

Como dissemos acima, os princípios de etiqueta social devem ser colocados em prática, começando pelo vestuário a ser utilizado durante os diversos eventos programados para os dias e noites da viagem. Para se apresentar adequadamente trajado, siga as orientações abaixo:

- Coquetel de apresentação: traje passeio.

- Jantar de gala do comandante: traje passeio completo.

- Manhãs e tardes: traje esporte.

- Nos transatlânticos de grande luxo, exige-se black-tie para os eventos noturnos, smoking para os homens e vestidos longos para mulheres, exceto na primeira e na última noite, que é a partida e a chegada do cruzeiro.

- O bom relacionamento com as outras pessoas também é uma prova de sua boa educação. O cumprimento para o vizinho de mesa, para o da poltrona ao lado e para todos com quem cruzar no convés é obrigatório. Converse com os companheiros de viagem, mesmo se forem estranhos. Você poderá conhecer pessoas interessantes procedendo dessa forma.

Se, ao final da viagem, tiver feito um grupo de amigos e estabelecido boas relações a bordo, é uma prática normal oferecer um pequeno coquetel de despedida ou convidar seus novos amigos para sentarem à sua mesa. Devemos, também, reservar um determinado valor para as gorjetas, que são obrigatórias e entregues ao comissário para ser feita a distribuição entre os membros da tripulação que prestaram serviço. Gratifique também o comissário, os camareiros e outros que lhe prestaram serviços extras.

É importante saber que o sistema de gratificação nos cruzeiros é diferente dos bares e restaurantes, pois esses funcionários dependem somente das gorjetas para fazerem seu salário, enquanto os demais tripulantes recebem salário pré-fixado. A maneira de calcular o valor da gorjeta é razoavelmente fácil. Por sugestão das operadoras de cruzeiro, devemos estipular uma gorjeta em torno de cinco a dez dólares diários, por passageiro. Agora, se houver um bom serviço prestado por um determinado tripulante e você quiser gratificá-lo, é permitido. Porém, entregue o valor ao próprio. Ao fechar seu pacote de cruzeiro, verifique o sistema de gorjetas, pois em alguns casos elas já estão inclusas no valor total a ser pago.

Você Sabia?

Nos cruzeiros **All Inclusive,** todas as refeições e bebidas estão incluídas no valor inicial da viagem. Mas, como diz o ditado, "não é com muita sede que se vai ao pote". Coma e beba com moderação. Lembre-se das oscilações do navio: por um exagero, você poderá perder boa parte de sua tão sonhada viagem.

Com que roupa eu vou ao cruzeiro que você me convidou?

Qualquer que seja o motivo de sua viagem, você deve estar preparado para participar das diversas atividades desenvolvidas a bordo, razão pela qual você não poderá esquecer os sapatos baixos e roupas confortáveis, adequadas à prática das mesmas. Sempre é bom ter um agasalho na bagagem, pois o tempo poderá mudar e você passar aquele frio que incomoda até pinguim. Na maioria dos cruzeiros, são realizadas festividades de gala. Nessas ocasiões, comunicadas no fechamento do pacote, os passageiros deverão se vestir adequadamente, ou seja, paletó para os homens e vestidos sociais para as mulheres. Em alguns cruzeiros, o comandante convida para o jantar de gala, sendo exigido terno escuro para os homens e traje social para as mulheres.

Durante o dia, use sempre roupas claras e leves. Não fique desfilando de biquíni ou sunga, procure usar sempre uma camiseta para circular nas áreas internas do navio. É proibido frequentar os restaurantes usando trajes de banho. Coloque na bagagem algum tipo de roupa colorida e despojada, pois pode pintar aquela festa havaiana ou à fantasia e você não vai querer ficar fora dessa. Vai? Se você não consegue viver sem seu perfume, use uma fragrância tropical e não muito forte para não deixar rastros. Não esqueça que existem pessoas com alergia a perfume.

Cuidados com a bagagem

Na maioria dos cruzeiros, não há limites de bagagens por passageiro. Porém, em alguns casos, se faz necessário utilizar trechos aéreos no intuito de chegar aos destinos finais, fato que pode prejudicar os planos. Sendo assim, seja criterioso ao definir o que fará parte de sua bagagem. Para sua segurança, cada volume da mesma deve ter pelo menos uma etiqueta de identificação. As malas deverão ter a etiqueta de identificação da companhia de cruzeiro, constando o nome do passageiro, navio e número da cabine. As bagagens deverão estar devidamente lacradas com um cadeado de segurança. Objetos considerados delicados, pessoais e de valor devem ser transportados somente na bagagem de mão.

Normalmente, as etiquetas correspondentes são entregues aos passageiros pela agência de viagem no momento da reserva. Por este motivo, é necessário ter atenção redobrada no momento de colocar a respectiva informação na bagagem. Os números da cabine devem estar presentes nas etiquetas das malas, junto com o nome dos hóspedes.

Como se localizar a bordo de cruzeiros marítimos

A bordo de um navio você estará em uma cidade flutuante e, portanto, com grandes chances de, no início da viagem, ter alguma dificuldade de locomoção. Para evitar tal situação, logo no embarque solicite a planta dos diversos pavimentos do navio onde o trânsito dos passageiros é permitido. Em alguns casos, a operadora disponibiliza um material impresso com todos os detalhes da embarcação. Porém, tendo conhecimento da localização da popa e da proa do navio, você não terá problema para fazer suas locomoções rumo a piscinas, salões, restaurantes, cabines, decks, dentre outros setores do navio destinados aos passageiros. Em caso de emergência ou mal-estar devido ao movimento do navio, o médico de bordo fará a consulta e indicará o medicamento apropriado. Os hóspedes que necessitam de medicamentos específicos devem levá-los para a viagem. Outros tipos de consultas e medicamentos serão cobrados em dólar e à parte. Sugerimos a aquisição de um seguro viagem, já que com ele os gastos eventuais a bordo serão reembolsados pela seguradora. Caso tenha algum tipo de problema ou necessidade, o melhor a fazer é dirigir-se à recepção, que fica no lobby de entrada do navio. Lá você terá atendimento por pessoas que falam seu idioma durante as 24 horas do dia.

Chegou a hora do embarque

Normalmente o procedimento de embarques dura seis horas. Tem início quatro horas antes da partida e se estende por mais duas após a saída. Esse período é destinado para que os passageiros possam se dirigir ao balcão de check-in com o voucher e a documentação pessoal para efetuarem o preenchimento dos formulários de embarque. O procedimento é indispensável. Ao chegar para o embarque, dirija-se ao armazém de bagagem e entregue as malas a um dos funcionários do navio que estará uniformizado e identificado com crachá. Após todo o procedimento de embarque, a bagagem será entregue diretamente na sua cabine por ordem de embarque.

Sugiro que leve, na bagagem de mão, algum tipo de roupa leve ou trajes de banho, caso queira começar a aproveitar as delícias do cruzeiro ou a piscina antes mesmo de sua bagagem chegar à cabine.

A documentação pessoal

Caberá ao passageiro atender as exigências legais quanto à posse de documentos nas viagens nacionais e/ou internacionais. Em ambos os casos, é indispensável a apresentação dos originais destes documentos, em bom estado. Não será permitido o embarque dos passageiros portando apenas cópias de seus documentos, ainda que autenticadas.

Nas viagens nacionais o cidadão brasileiro, adulto, deverá apresentar o RG ou documento de identificação válido no território nacional. Para os menores de idade, é preciso apresentar o RG ou a Certidão de Nascimento. Para cidadãos estrangeiros, é necessário o passaporte com validade mínima de seis meses.

Nas viagens internacionais, os cidadãos brasileiros, adultos ou menores deverão apresentar passaporte com validade mínima de seis meses e visto de entrada, de acordo com as exigências do país de destino. Para cruzeiros com destino ao Uruguai, Argentina e Chile, será aceito também o RG em bom estado com, no máximo, dez anos de emissão. Os cidadãos estrangeiros deverão apresentar o passaporte com validade mínima de seis meses e visto de entrada de acordo com as exigências do país de destino. Para o embarque de menor de idade desacompanhado dos pais, consulte o Juizado da Infância e do Adolescente.

Despedidas

O momento de se despedir de amigos e familiares é antes de embarcar. Porém, é necessário prestar atenção, visto que, por questões operacionais e de segurança, os acessos para os navios são limitados. Para não pagar mico e gerar algum tipo de constrangimento, o conselho está em se despedir dos parentes antes de chegar ao porto. De fato, aquela famosa cena dos acenos no momento em que o navio está começando os primeiros movimentos não é permitida em cruzeiros da atualidade.

Como será a cabine

Além dos itens necessários para uma hospedagem com conforto e privacidade, cada cabine possui banheiro e chuveiros com todos os itens indispensáveis para o banho. Diariamente, a camareira efetua a arrumação e a troca das roupas de cama. Para maior conforto de sua viagem, além de internet e serviços de despertador, os navios têm um sistema central de ar condicionado que permite ao hóspede desfrutar de uma temperatura agradável durante todo o cruzeiro.

Por questões de segurança é proibido, por leis internacionais, o uso de ferros de passar roupa nas cabines devido a perigo de incêndio. Qualquer roupa a ser passada ou lavada deve ser entregue à lavanderia através do seu camareiro. Este serviço não costuma ser caro. A maioria dos navios oferece tomada de 110V e 220V em todas as cabines. Em caso de dúvida, pergunte ao seu camareiro ou na recepção do navio. Você pode receber e fazer chamadas do navio usando o telefone da cabine. As ligações são feitas via satélite e cobradas em dólar. Consulte os valores das ligações a bordo. Os números de telefones encontram-se na ficha técnica de cada navio. Para o conforto dos hóspedes, é proibido fumar na maioria das áreas dos navios e cabines, exceto aquelas com varanda. Entretanto, para proporcionar um ambiente a bordo que satisfaça também aos fumantes, os navios definiram áreas apropriadas em muitos dos seus salões e ambientes abertos. É proibido o consumo interno de alimentos e bebidas que foram comprados fora do navio. Caso sejam detectados pelos agentes encarregados, serão recolhidos, tendo sua devolução feita somente no final da viagem.

Importante: os coletes salva-vidas estão à disposição dos passageiros no armário da cabine. São equipados com luzes que se ativam ao contato com a água e com um apito.

O que fazer durante o cruzeiro

Além dos avisos distribuídos pelos diversos setores, diariamente um jornal é entregue na cabine com dicas e horários de todas as atividades que acontecem no navio. Nesse jornal, também são disponibilizadas informações sobre os portos de escala. Nessas paradas, o passageiro não é obrigado a desembarcar do navio, ele pode continuar participando das atividades que estejam acontecendo. A rotina das refeições e demais atividades permanecem inalteradas, mesmo quando o navio está atracado em um determinado porto.

Na maioria dos navios são oferecidos programas supervisionados, especificamente para crianças e adolescentes. Participando de atividades esportivas, filmes e videogames, as crianças se divertem enquanto seus pais descansam ou aproveitam as atrações do navio. Nas atividades noturnas, além de shows, boates e entretenimentos para adultos, existe uma grande procura pelo cassino. Ele permanece fechado enquanto o navio estiver no porto e aceita somente dinheiro para as apostas, sendo vedado o uso de qualquer pagamento magnético. Caso você queira fazer uma festa de aniversário ou outro tipo de comemoração, não haverá problema algum, desde que seja informado ao maître do restaurante qual o tipo de evento que será realizado.

Como pagar as despesas a bordo dos cruzeiros

Ao embarcar, os passageiros recebem cartões magnéticos direcionados para pagamentos de despesas feitas durante a viagem a bordo. Os preços são definidos em reais ou dólares americanos, variando conforme o destino e os planos oferecidos pelas agências de viagem. Não são aceitos cartões de débito automático ou cheques. As refeições diárias também são inclusas no preço inicial, assim como os jogos, exceto os do cassino, concursos, bailes, entre outras formas de entretenimento. Como dito antes, nos cruzeiros que oferecem sistema *all inclusive,* é possível comer e beber à vontade durante vinte horas, sendo proibido somente entre duas e seis da manhã.

Além das opções acima, o passageiro pode optar pelo pagamento de suas despesas utilizando cartão de crédito internacional ou dinheiro, porém somente em dólar ou euro. Se a opção for pagamento em dinheiro, o passageiro deverá efetuar um depósito que varia de US$ 200 a US$ 300 por cabine, dependendo da operadora do cruzeiro. Como informado acima, cheques pessoais e cartões eletrônicos de débito não são aceitos para pagamento das despesas efetuadas. Definida a forma de pagamento, será entregue um cartão (*Cruise Card*) com o nome do hóspede e o número da cabine. Esse cartão será utilizado para todo o consumo a bordo (bares, restaurantes, lavanderia, serviços médicos, salão de beleza, fotografias, etc.), exceto no cassino, onde só é aceito dinheiro.

Na noite anterior ao desembarque, será enviado à cabine um extrato com todas as despesas efetuadas a bordo com o *Cruise Card*. Se o extrato estiver correto e sua opção de pagamento foi através de cartão de crédito internacional, não é necessário se preocupar com mais nada. Se a opção foi através de depósito em dinheiro, é necessário dirigir-se à recepção para acertar possíveis diferenças.

Cuidados a serem tomados no desembarque

Na noite anterior ao desembarque, em torno de meia-noite, deixe sua bagagem na porta da cabine. O camareiro lhe entregará etiquetas coloridas conforme a ordem de desembarque. Os funcionários do navio se encarregarão de desembarcar sua bagagem, que estará disponível após o portão de saída. Sugerimos colocar etiquetas ou fitas que diferenciem a sua mala das outras, além de uma etiqueta com seus dados pessoais. Assim como no embarque, mantenha com você os objetos de valor, como joias, câmeras fotográficas, entre outros.

Viagens de Avião

Essa é uma das partes mais alarmantes da viagem, quer seja a passeio ou a trabalho. Muitas pessoas têm verdadeiro pavor de avião, enquanto outras ficam deslumbradas com a possibilidade de voar. O medo e a euforia causam uma série de desatinos que podem prejudicar a viagem e causar mal-estar para os demais passageiros. Para evitar contratempos antes da viagem, procure saber sobre o local de destino, as condições climáticas e os horários de chegada. Assim, não serão apanhados de surpresa pelo frio, calor ou chuva e poderão retirar ou acrescentar roupas e acessórios em sua bagagem. Na véspera da viagem, se alimente com moderação e procure dormir tranquilamente.

No dia da viagem saia de casa com antecedência pois, segundo os padrões internacionais, o passageiro deve fazer o check-in com duas horas de antecedência para voos nacionais e três horas para voos internacionais. Lembre-se que o piloto do avião não quer saber de seus problemas de locomoção. Feito o check-in, aguarde na sala indicada de forma discreta até ser chamado, pelo alto-falante, para os procedimentos de embarque. Entre educadamente na fila, respeitando os demais passageiros na ordem de embarque. Ao entrar no avião, siga as instruções dos comissários, solicitando aos mesmos o estritamente necessário.

Ao dirigir-se ao assento, coloque bolsas e sacolas na frente do corpo, pois penduradas nos ombros vão bater no rosto de quem já estiver sentado. Ocupe só o espaço da sua própria poltrona e, caso decida reclinar o encosto, observe se não está incomodando o passageiro de trás. Não puxe conversa com o vizinho que lê, dorme ou não é receptivo. E é sempre bom lembrar: só troque cartões, se for o caso, ao final da viagem. Durante a viagem, para melhorar seu conforto, fones de ouvido, manta, jornal e travesseiros devem ficar organizados de forma harmônica para facilitar a movimentação de pernas e pés.

Em viagens longas ou noturnas, procure dormir para relaxar. Caso tenha insônia, fique em seu lugar, não boceje com ruídos, tampouco se espreguice estalando as juntas e nem emita gemidos fazendo alongamento. É de extremo mau gosto ficar vagando pelos corredores. Se for possível, só se levante de hora em hora para andar um pouco. É uma iniciativa necessária para promover a circulação do sangue nas pernas.

Não forme grupos de jogo ou de conversa, isso atrapalha o trabalho da tripulação. Após muito tempo de viagem, recomponha a aparência, penteando-se na poltrona, antes de dirigir-se ao toalete, que deve ser utilizado apenas para os procedimentos básicos. Mas seja rápido, pois haverá uma fila querendo fazer o mesmo.

Ao ser servido o lanche ou refeição, substitua bebidas alcoólicas por diversas doses de água, fale baixo com os comissários e, se não gostar da comida, não coma, mas também não reclame. É sempre lembrar: não leve nenhum objeto do avião para casa como souvenir, isso é uma total falta de educação.

Ao final da viagem, respeite os procedimentos de aterrissagem, não esqueça as bagagens e despeça-se dos tripulantes com um sorriso e um agradecimento. Não insista em conhecer a cabine de comando, esse é um procedimento que pode provocar um grande mal-estar entre passageiro e tripulação. É sempre bom evitar.

Após essa panorâmica sobre como se comportar educadamente em viagens de avião e visando deixá-lo mais tranquilo, vamos ao passo a passo de sua viagem.

A bagagem

No voo, você poderá levar dois tipos de bagagem: de mão e malas pesadas, que serão despachadas. A bagagem de mão deverá ser carregada por você e terá no máximo cinco quilos. Nela, devem ser colocados objetos de valor como carteira, celular, documentos, computador e aparelho de mp3.

Cada passageiro, incluindo as crianças, tem direito a levar uma ou mais malas pesando no máximo 25 quilos, que serão despachadas no momento do check-in. Ao fazer sua mala, leve somente o necessário pois, se houver excesso de peso, você pagará uma taxa extra, que normalmente não é barata.

Para identificar melhor sua bagagem, convém colocar uma fita colorida ou um adesivo para não confundir com a bagagem de outra pessoa na hora da retirada da mesma da esteira. Como diz o ditado, o seguro morreu de velho e, portanto, não custa colocar cadeados nas bagagens despachadas. Pode não ser a solução ideal, mas pelo menos inibe os espertos.

Documentos necessários

Para viagens nacionais, utilize o original ou cópia autenticada do RG, carteira de habilitação, passaporte ou a carteira de trabalho. Para viagens internacionais, é necessário o passaporte, com o visto do local a ser visitado. Deixe os documentos sempre à mão, pois serão solicitados mais de uma vez. Para alguns destinos, será necessário apresentar os comprovantes de vacinas específicas.

Kit de viagem

Ao escolher o que vestir, lembre-se de que você não vai a nenhuma festa ou desfile de moda. Escolha roupas e calçados confortáveis para usar no dia da viagem. Mesmo se for para algum lugar quente, não se esqueça de levar algo para se proteger do frio do ar-condicionado. Algumas pessoas sentem dor de ouvido principalmente no momento do pouso e da decolagem. Simular bocejos ou mascar alguma coisa ajuda a aliviar o desconforto. Para quem costuma sentir enjoos, leve o remédio habitual. Relaxar e respirar pausadamente também ajuda a diminuir a sensação de náusea. Evite ingerir bebidas alcoólicas antes da viagem, já que a altitude potencializa os efeitos do álcool.

Com tudo em cima, é hora de sair de casa a caminho do aeroporto. Ao chegar lá, é só procurar pelo balcão de check-in da sua companhia aérea e aguardar o embarque. Para poder realizar todos os procedimentos sem correria, o ideal é chegar ao aeroporto pelo menos uma hora antes do horário de voos nacionais. Para voos internacionais, chegue com no mínimo duas horas de antecedência.

Ao chegar ao aeroporto, com o bilhete e os documentos em mãos, dirija-se ao balcão de embarque da companhia aérea em que irá viajar para fazer o check-in, que consiste simplesmente no ato de apresentar os documentos de identificação e despachar as bagagens.

Você deve entregar a mala grande no check-in para ser pesada, identificada e despachada. Feito isto, você receberá do funcionário da companhia aérea o comprovante da bagagem e o cartão de embarque com informações sobre o seu voo. Guarde bem esses tickets, pois eles garantem sua bagagem, bem como sua entrada no avião.

Feito o check-in, procure pelo salão onde são feitos os embarques. Veja as placas, pois existem locais diferentes para o embarque doméstico e embarque internacional. Como é obrigatório, toda bagagem de mão deve passar pelo detector de metais. Para evitar constrangimento, lembre-se de tirar da bagagem todos os objetos metálicos que portar (chaves, moedas, cinto). Tais objetos serão colocados em um recipiente apropriado e passarão pelo aparelho de raio-x junto com a bagagem de mão. Feito isto, procure o portão de embarque indicado no cartão e aguarde a chamada de seu voo, que será feito pelo serviço de alto--falante do aeroporto.

Embarcando

Ao entrar no avião, procure o seu assento assinalado no cartão de embarque. Em caso de dúvida, peça auxílio aos comissários. Os comissários de bordo demonstrarão os procedimentos de segurança. Preste atenção, pois são importantes para a segurança do voo. Os aparelhos eletrônicos devem ser desligados na hora do pouso e da decolagem. Em alguns voos, o celular precisa permanecer o tempo todo desligado, enquanto em outros é permitido seu uso. Durante viagens curtas é servido um pequeno lanche e bebidas, mas se o voo for longo pode ser servido um lanche mais consistente. Se quiser, pode tirar fotos dentro do avião para registrar o momento, mas procure não incomodar os demais passageiros ou os membros da tripulação. Durante o voo, caso haja alguma turbulência, mantenha a calma, permaneça sentado e com o cinto afivelado até que o voo seja normalizado.

Ao chegar ao destino final, dirija-se à área de desembarque e procure pela esteira assinalada com o número do seu voo. É lá que você pegará sua bagagem. Na dúvida, basta seguir as pessoas de seu voo. Fique de olho até aparecer a sua mala e confira se é mesmo a sua antes de pegá-la. Não se preocupe se não conseguir pegar sua bagagem na primeira vez, ela passará novamente pela esteira.

Viagens de Ônibus e Trem

Por ser uma opção mais acessível e confortável, o ônibus é o meio de transporte mais procurado pelos viajantes. Viajando de ônibus você pode chegar ao seu destino sem se preocupar com o trânsito, curtindo a paisagem. Aliado ao conforto e ao custo da viagem, as empresas oferecem passagens para todas as localidades, nacionais ou internacionais. Atualmente, as passagens estão disponibilizadas pela internet, sem necessidade de se deslocar até a rodoviária mais próxima. Tanto em sites especializados quanto nas páginas das próprias companhias, o viajante pode adquirir os bilhetes para qualquer parte do país.

Caso um menor de idade tenha que viajar sozinho, verifique a documentação dele, pois crianças de até 12 anos só podem viajar sozinhas com a autorização do Juizado de Menores. Animais que guiam pessoas com deficiência visual são permitidos, desde que estejam sob o controle do dono.

Importante: ao planejar a sua viagem, não se esqueça de verificar o tempo de duração da mesma, bem como o trajeto, para planejar a chegada ao seu destino. Verifique se há transporte coletivo da rodoviária até seu destino final. Para sua maior segurança, pesquise os valores médios cobrados da corrida de táxi do terminal até lá.

Antes de despachar sua bagagem, procure identificá-las por dentro e por fora. É mais prático e seguro levar seus objetos pessoais e de valor na bagagem de mão. Lembre-se que o limite máximo é de 30kg por pessoa e que as notas fiscais de compra são indispensáveis se você estiver transportando presentes. Guarde sempre o bilhete de passagem e o ticket de bagagem. Esses documentos são a garantia em caso de extravio ou dano.

Em caso de desistência, você pode remarcar sua viagem ou ter o valor ressarcido, desde que faça o pedido com até três horas de antecedência ao horário de partida.

Bagagem

Seja criterioso com sua bagagem, leve para o interior do ônibus apenas aquela mala que não poderá ser despachada de forma alguma, como uma bolsa com notebook, uma bolsa com documentos ou medicamentos. As malas maiores devem ser colocadas no bagageiro do ônibus, na parte inferior do veículo.

Trate sempre com educação os funcionários das empresas, por mais simples que sejam, pois são peças-chave para sua viagem. Em viagens intermunicipais ou interestaduais, respeite a fila, sente-se no assento que está marcado na sua passagem, respeite as regras da empresa e, caso haja desvio de bagagem, acalme-se e informe ao setor responsável pelas bagagens para que as providências sejam tomadas. Ao usar o banheiro, tome os mesmos cuidados que no avião pois, por serem pequenos, são difíceis de usar.

Em viagem de ônibus, procure aguardar as paradas para ir ao banheiro, pois atualmente o serviço e a infraestrutura dos postos de estrada são considerados satisfatórios. Sendo inevitável sua utilização, deixe tão limpo quanto gostaria de encontrar pois, depois de você, outros irão utilizar essas mesmas instalações sanitárias.

Quando o ônibus andar, apague a luz e procure ouvir seu walkman, num volume baixo, sem cantar nem dançar na poltrona para não incomodar os outros passageiros. Não ocupe os corredores com volumes, nem deixe o lixo nas bolsas das poltronas ao término da viagem.

Ao viajar de trem, os procedimentos a serem seguidos serão os mesmos do ônibus. Entretanto, nos trens, as refeições são feitas nos vagões-restaurantes. Ao embarcar, solicite ao funcionário da empresa informações sobre horários, cardápios e demais informações sobre a viagem.

Regras de convivência

Agora, vamos ver como se comportar educadamente durante a viagem. Como sabemos, nem todas as pessoas que embarcam nessa viagem são educadas e tem boas maneiras. Pensando nisso, devemos fazer a nossa parte, respeitando os demais passageiros e acatando as determinações de segurança do veículo pois, se cada um de nós assim proceder, certamente teremos uma viagem segura e tranquila.

O vizinho mala: volta e meia nos deparamos com um vizinho de poltrona falador, que adora conversar. Se você estiver a fim de um papo, continue a conversa sempre de maneira educada e em voz baixa. Os outros passageiros não precisam saber o que está sendo falado. Se for ao contrário, o que fazer? Você deve educadamente demonstrar a esse tipo de pessoa que prefere ficar em silêncio durante a viagem. Você pode levar um livro, uma revista ou fones de ouvido, mostrando ao vizinho falador que você tem outras preferências para ocupar seu tempo durante o percurso.

Telefone celular: procure fazer uso do celular apenas quando necessário. Fazendo ou recebendo ligações durante a viagem, você pode acabar compartilhando informações pessoais com os demais passageiros e, muitas vezes, a conversa pode ser constrangedora para quem a escuta.

Respeite o seu espaço: geralmente, o espaço entre os assentos é pequeno. Seja educado, não ocupando mais espaço do que lhe é permitido. Se estiver carregando sacolas ou bolsas, coloque-as no seu colo ou perto dos pés ao sentar. Assim, outra pessoa poderá sentar-se ao lado.

Dormir no veículo: existem pessoas que dormem durante a viagem e durante o sono utilizam nosso ombro como travesseiro. Tal atitude, além de incomodar, é uma grande falta de educação. Em tais situações, devemos acordar a pessoa e educadamente pedir para que ela se acomode de maneira a não dormir encostada em nosso corpo. Normalmente, o pedido é atendido. Caso contrário, comunique o fato ao motorista, que resolverá o problema.

Comer no veículo: devemos ser criteriosos nesse respeito. Não fazer refeições dentro do veículo seria um bom começo. No interior do ônibus devemos consumir apenas lanches, e não refeições. Devemos comer educadamente, mastigando o alimento com a boca fechada, pois ninguém gosta de estar perto de quem come com a boca aberta ou fazendo barulho.

Escutar músicas: se você realmente gosta de ouvir um som maneiro durante a viagem, seja educado e sensato: use fones de ouvido. Assim, você escutará sua música e não dará chances para reclamações.

Saber Ser Hóspede e Hospedeiro

O hóspede bem-educado

A relação entre anfitrião e visitante que chega de mala e cuia é sempre delicada. Bastam alguns passos em falso e você, que foi tão bem recebido ao chegar, vai se transformar em um hóspede indesejado, que nunca mais será convidado a voltar. Para evitar isso, use o bom senso, procure ser mais gentil que de hábito e coloque em prática as regras básicas de etiqueta.

Não chegue de surpresa: antes de viajar, entre em contato com seu anfitrião, pergunte claramente se ele pode recebê-lo no período tal e só bata na porta dele depois de ter combinado os detalhes, até a data da volta. Naturalmente, você a respeitará: não há coisa mais desagradável do que hóspede que vem para passar três dias e vai ficando.

Leve um presente, uma bebida, um doce típico, um livro ou até um DVD de música se você souber o estilo que ele mais aprecia. Colabore nas despesas, nada de esperar que o dono da casa arque com todos os gastos. Se tiver intimidade, ofereça-se para dividir a conta das compras da casa ou, se preferir, observe o que ele costuma consumir e surpreenda-o. Quem quer agir não espera nem fica perguntando, porque o anfitrião pode ficar sem graça e recusar a gentileza.

Dica: preparar um jantar típico brasileiro para anfitriões estrangeiros é uma boa ideia, desde que se peça autorização para usar a cozinha. Ajude na limpeza: cuidar da arrumação do quarto e não fazer bagunça é regra básica. Mas vá além disso e procure dar uma mãozinha nas pequenas e aborrecidas tarefas do dia a dia, como tirar a mesa e lavar a louça, sobretudo quando não há empregada na casa.

Não fique por muito tempo com o chuveiro ligado pois, além de desperdiçar água, o consumo de energia elétrica pode ser alto. Não peça nada emprestado, leve xampus, hidratantes, cremes de barbear, escovas de cabelo, secadores ou artigos de maquiagem. Só use o que for seu. Não utilize o telefone de maneira irresponsável, ficando um longo tempo pendurado nele. É aconselhável não informar o número para os outros sem permissão prévia.

Fique atento! As chamadas interurbanas estão banidas, exceto se forem a cobrar.

Respeite os horários da casa. Reponha as perdas, procure respeitar as bebidas e comidas do anfitrião. Só tome uma bebida se for convidado ou tiver certeza de poder colocar de volta outra com a mesma marca. A mesma regra se aplica para tudo que você danificar ou estragar.

O hóspede bem-educado não pretende adaptar os procedimentos da casa que o recebe ao seu próprio ritmo. Se perceber alguma falha, age como se ela não tivesse ocorrido.

Responde prontamente quando convidado e nunca ultrapassa o tempo de permanência sugerido no convite. Sua bagagem é racional e contém peças que não necessitam serem passadas.

Não dá ordens aos empregados, não invade cômodos íntimos, não atende ao telefone. Não deixa bagunça nem tranca a porta do quarto. Não deixa o banheiro em desordem nem pendura roupas em maçanetas de porta. Não utiliza os itens disponibilizados para ele no banheiro, somente toalhas e sabonetes.

Sabe ficar sozinho, providenciando seus próprios programas, sem cobrar entretenimento permanente dos anfitriões. Se houver outros convidados, procura se entrosar com todos.

Colabora na arrumação da casa, organizando jornais e revistas e limpando pequenas sujeiras.

Não dá palpite na educação das crianças e, não havendo empregados, ajuda os seus anfitriões no que for preciso. Quando sabe que seus anfitriões trabalharão no dia seguinte, evita programas noturnos. Não leva amigos para fazerem visitas, aceita as programações sugeridas e não fica o tempo todo trancado no quarto dormindo ou lendo.

Segue os horários da casa e não toma café da manhã de roupão, pijama ou camisola. Procura sempre trazer algo para o lanche e, ao se despedir, dá um presente para a dona da casa e, com discrição, uma boa caixinha para a empregada. Não deixe rastros — ao final da visita, cheque tudo. Se você quer preservar o amigo e voltar nas próximas férias, reserve parte do último dia para deixar a casa dele limpa, com as luzes e o gás desligados, a geladeira livre de comida perecível e o lixo do lado de fora. Sempre retribui o convite com um jantar, ou algo parecido.

O bom anfitrião

Segundo o Dicionário Aurélio: "anfitrião é aquele que custeia os gastos da refeição, que recebe convivas à sua mesa; aquele que hospeda pessoas de suas relações; o dono da casa". Conta a história que, na Grécia antiga, os viajantes eram recebidos pelos donos das casas como enviados dos deuses, surgindo daí a palavra "hospitalidade" que, em grego, significa "afeição por estrangeiros". Na Índia, os viajantes são tratados como divindades e no deserto são protegidos dos anfitriões beduínos. E você? Será que está preparado para ser um bom anfitrião?

Para que fique mais fácil a compreensão do que seja hospedar com elegância, vamos fazer de conta que sua casa é uma pousada badalada, onde o serviço nota 10 é o principal destaque. Você vai receber um grupo de hóspedes VIPs e quer dar a eles o que a sua pousada tem de melhor.

A primeira coisa a saber é o número exato de pessoas que ficarão hospedadas e o prazo da hospedagem pois, com base nisso, será feito o planejamento, inclusive, para traçar e informar aos hóspedes as normas básicas da casa e algumas regras de convivência para que a visita se sinta bem à vontade e tenha uma estada agradável. Deve-se informar aos hóspedes a rotina do cotidiano da casa, bem como o funcionamento dos equipamentos de uso comum, para que seu uso não cause incômodo ou constrangimento aos demais.

Para que seu hóspede fique mais à vontade, o ideal seria arrumar um local só para ele, preferencialmente um cômodo com banheiro. Caso isso não seja possível, manda a etiqueta que o anfitrião ofereça seu quarto para o hóspede, procurando se acomodar em outro cômodo da residência. A sala ou o quarto das crianças é o mais indicado. Não se esqueça de disponibilizar uma gaveta e alguns cabides para que o convidado possa acomodar suas roupas e calçados evitando, assim, aquela bagunça pela casa.

Puxa vida, tem muita gente! Não fique nervoso, nem demonstre insegurança. Transforme sua casa em um acampamento e faça o planejamento de guerrilha.

Acomode as crianças em local separado dos adultos. Divida os adultos da melhor maneira possível, deixando com que fiquem à vontade e possam interagir com o restante da família. Caso sejam hóspedes importantes, a regra é clara: o melhor lugar da casa deve ser reservado para eles. Alguns quesitos básicos, como roupas de cama e travesseiros limpos, banheiro sempre asseado, toalhas de banho e rosto e armários com cabides não devem ser esquecidos. Não esqueça o sabonete e o papel higiênico. Se o período da hospedagem for durante o inverno ou o clima estiver frio, reforce a disponibilidade de mantas e cobertores. Caso o quarto do casal e o das crianças sejam disponibilizados para os hospedes, não se esqueçam de retirar tudo o que você e sua família forem utilizar pela manhã, para não causar constrangimento aos convidados. Finalmente, deverá ser combinado com os convidados os horários das refeições, possíveis compromissos da família, condições de acesso e programas já agendados pela família.

Você conhece o velho ditado "o excesso de cuidado mata a planta"? Em hospitalidade é a mesma coisa: você não precisa incluir o hóspede em todas as suas atividades, mas avise-o caso for chegar mais tarde ou participar de algum evento. Se você receber visitas ou promover alguma comemoração, não se esqueça de incluir o hóspede na lista de convidados para que ele participe e não fique sozinho no quarto. O bom anfitrião não precisa impressionar o hóspede, nem mudar seus hábitos diários, basta, apenas fazer o hóspede se sentir especial, um hóspede VIP.

Caso tenha algum tipo de discussão em família, procure fazer longe dos hóspedes, para que ele não fique constrangido. Caso tenha algum tipo de problema ou estresse, mantenha a calma e procure resolver da maneira mais civilizada possível.

Orientações básicas para ser um anfitrião VIP

- Informe aos hóspedes as características da casa, se há empregados e bichos de estimação;

- Ofereça uma xícara de café ou suco como boas vindas;

- Mesmo que você não tenha o hábito de almoçar ou tomar o café da manhã em casa, procure adotar esse procedimento enquanto o hóspede estiver em sua casa. Se possível, dê uma incrementada no cardápio e disponibilize na geladeira frutas, sucos, iogurtes e refrigerantes. Isso causa boa impressão;

- Para que o hóspede possa entrar e sair a hora que necessitar, disponibilize uma chave da casa para ele pois, além de deixá-lo mais à vontade, permite que você também mantenha suas atividades com mais tranquilidade.

Comportamento adequado em hotéis

Durante sua viagem, quer turística ou a negócios, você irá passar uma boa parte dela hospedado em hotéis, pousadas ou albergues. Qualquer que seja o tipo ou a sofisticação de sua hospedagem, leve sempre em conta de que ela é um prolongamento de sua casa e deve ser considerada e tratada como tal. Leve em consideração que você não está em sua casa e, portanto, não há motivo para cultivar uma intimidade excessiva com porteiros, camareiras e garçons. Você é o hóspede e eles são os funcionários do hotel e, como sabemos, a maioria não gosta muito dessas intimidades. Instale-se discretamente, sem barulho ou ostentação. Lembre-se que outras pessoas dividem as mesmas áreas comuns com você. Não bata portas, ouça televisão e rádio no volume adequado — os demais hóspedes não precisam saber de suas preferências musicais. Não leve para casa objetos como cinzeiros e toalhas. Caso tenha crianças, cuide para que não perturbem os outros hóspedes e o serviço. Não pegue mais de um prato por vez durante as refeições. Quando for à piscina, tome cuidado com seus trajes: sungas e biquínis muito pequenos podem constranger os demais hóspedes. Além disso, não dê mergulhos ruidosos na piscina.

Caso não fique satisfeito com as acomodações, dirija-se à gerência e peça para mudar de apartamento, se for possível. Aprenda a reclamar para a pessoa certa: não adianta falar da limpeza do quarto com a camareira, pois há um responsável por isso acima dela.

Executivos que costumam receber visitas de acompanhantes devem se informar sobre as regras dos hotéis e sempre pedir apartamento duplo. Se for portador de joias ou objetos de valor, use as caixas de segurança ou cofres. Se possível, não as esconda dentro de malas ou pastas. Cuide para que sua bagagem seja racional: roupas sujas devem ser guardadas dentro da mala, embaladas em sacolas plásticas, e nunca misturadas com as limpas. Deixe o quarto e o banheiro sempre em ordem. Mesmo havendo camareira, é de bom tom puxar as cobertas compondo um pouco a cama ao se levantar. Não fique na cama até muito tarde sem comunicar ao serviço de quarto, pois atrasa o trabalho da camareira. Ao fechar a conta, agradeça ao gerente, elogie o que foi bom e dê sugestões para corrigir o que não estava perfeito. Se tiver alguma reclamação, seja discreto. Dê gratificações aos empregados, pois quando voltar será muito bem tratado. A prática da taxa de serviço trata-se de convenção internacional.

Uma dica importante é utilizar o lobby do hotel de maneira educada. Você pode ler seu jornal e tomar café enquanto espera. Porém, montar acampamento e divertir-se com a turma ou falar alto está fora de cogitação. Nas áreas de uso comum, discrição é a palavra-chave.

Uma coisa que devemos ter sempre em mente é a dissociação entre homem e empresa. Quando somos designados para uma missão profissional, deixamos de ser pessoa física para ser a empresa. Sob esse prisma, devemos ter sempre claro em nossa mente que os eventos que acontecem fora do local de trabalho devem ser cercados de todos os cuidados possíveis, pois qualquer falha de comportamento pode manchar a imagem do participante e, consequentemente, a da empresa.

Nessas ocasiões, funcionários nem sempre bem preparados irão se hospedar em hotéis, frequentar centros de convenções, piscinas, boates e restaurantes, algumas vezes de luxo, podendo ocasionar situações constrangedoras para o grupo. Visando diminuir a possibilidade de que isso ocorra, recomenda-se que o grupo seja dividido em equipes, sob a coordenação de um superior hierárquico que se reportará ao chefe geral.

Os membros da delegação, de todos os níveis, devem manter uma conduta irrepreensível: não abusar de bebidas alcoólicas, não usar roupas escandalosas, se abster de falar palavrões e não se exceder nos ruídos e nas brincadeiras, seguindo à risca as determinações dos trajes para as diversas ocasiões. Ao frequentar a piscina do hotel, recomenda-se que mulheres, mesmos aquelas com corpo em forma, não usem biquínis minúsculos, devendo dar preferência ao maiô inteiro, sem cavas, transparências ou decotes profundos.

A etiqueta manda que os quartos sejam mantidos em ordem. Não se deve levar souvenir do hotel (cinzeiros, copos, toalhas, roupão) e nem garotas de programa para o quarto pois, nesse caso, quem está pagando a conta é a empresa.

Se você, como funcionário, quiser levar alguém com quem não seja casado, o que é um procedimento não recomendável, deverá contratar a hospedagem dessa pessoa em outro apartamento, responsabilizando-se pelo custeio do mesmo, ainda que não seja usado.

Os funcionários que vão proferir palestras devem estar preparados, com o conteúdo dominado e completo controle do tempo. A conduta educada deve ser mantida por todos também nos stands e auditórios. Os chefes de equipe devem visitar os stands e estipular horários de descanso para os funcionários.

Se a presença das esposas dos escolhidos a participar do evento estiver prevista, deverá haver programação específica para elas. Nesse caso, a presença da esposa, ao lado de outras senhoras, faz parte da proposta de representar a empresa também em eventos sociais, portanto, é **obrigatória**!

CAPÍTULO 5

MARKETING PROFISSIONAL: CONQUISTANDO PESSOAS SABENDO FALAR BEM EM PÚBLICO

Toda pessoa elegante tem, por obrigação, que dominar a arte de falar em público. Quando necessário, deve saber e colocar em prática alguns procedimentos necessários para uma boa comunicação. Caso contrário, poderá ter seu marketing pessoal arranhado. Para sua carreira, isso não é bom.

A competência na arte de falar em público, independente da formação, classe social ou atividade profissional das pessoas ainda é o maior medo da humanidade. Como no ditado popular "O tamanho do inimigo é você que decide", também na arte de falar em público o processo é o mesmo. Qualquer pessoa que necessite ou queira desenvolver suas competências na arte de falar em público e/ou aprender a lidar com seus sentimentos, medos, traumas e fobias pode ter sucesso, desde que aplique as técnicas adequadas e, assim, alcançar o sucesso.

Pouco adianta termos o conhecimento e não sabermos atingir os nossos objetivos. Na maioria das vezes, a forma pela qual expressamos aquilo que queremos é o diferencial em nossos objetivos e faz com que tenhamos ou não êxito. A boa apresentação, o bom atendimento, a postura certa, a dinâmica de leitura e de interpretação de textos fazem do profissional um ser diferenciado, independente de seu ramo. Assim sendo, o domínio dessas técnicas é determinante para: falar em público, vender e comprar, prestar serviços, participar de reuniões, apresentar projetos, etc.

Utilizando as técnicas e ferramentas adequadas, iremos conhecer como "funcionam as pessoas", os estímulos, palavras, expressões corporais e formas de conduzir um diálogo com diferentes tipos, nos mais variados ambientes. Iremos desenvolver práticas que nos darão a segurança para falar em público, aprimorando e desenvolvendo as habilidades de comunicação para se expressar com naturalidade, sem inibição, mantendo o controle emocional, as habilidades e competências diante dos mais diversos públicos e ambientes.

Dominando a arte de falar em público, iremos transmitir conhecimentos e práticas adequadas, expressando-nos de maneira eficaz, com objetividade e entusiasmo, superando medos e fobias. Utilizando os padrões de linguagem adequado, nos tornaremos oradores mais persuasivos, carismáticos, congruentes e convincentes, indo além da oratória e transformando a arte de falar na arte de encantar as pessoas.

Falar em Público: O Grande Desafio

Falar em público é um dos maiores desafios que enfrentamos em nosso dia a dia. Dentro do cenário globalizado e competitivo que atuamos, é fundamental que sejamos capazes e estejamos preparados para nos apresentar de forma eficiente, beirando a excelência. Se nossas competências, ou seja, a soma de conhecimentos, habilidades e atitudes forem fracas em comunicação, abaixo do desejável, nossa vida pessoal ou empresarial pode sofrer grandes prejuízos, pois uma apresentação inadequada pode causar perdas irreparáveis em nossas vidas.

Há quem diga que falar em público é uma habilidade nata, um talento, um dom que você pode ter ou não. Porém, o autor Tim Koegel não aceita tal argumentação. Para ele, é perfeitamente possível que qualquer pessoa se torne um grande orador — desde que esteja disposto a TREINAR, TREINAR, TREINAR e se DESENVOLVER.

Para se tornar um comunicador fora de série, é necessário possuir habilidades, técnicas e estratégias básicas, necessárias para expor a si mesmo e suas ideias em um nível excepcional, para qualquer público, em qualquer tipo de evento. Para que isso ocorra, é necessário superar as expectativas da plateia, uma marca registrada dos grandes oradores.

Tornar-se um comunicador fora de série parece ser uma tarefa extremamente difícil. Imaginemos um ator representando o personagem "comunicador" e, como todo bom ator, tem interesse e necessita saber o retorno de seu desempenho. Em cena, além das falas, ele precisa se preocupar com sua movimentação. Diga isso, faça aquilo, olhe para a plateia, não fique nervoso, agradeça, todas são coisas com as quais ele deve se preocupar. Ele sai de cena e vem aquela pergunta: será que consegui dar meu recado, fui claro, tinha alguém dormindo ou querendo ir embora? Com certeza não.

Não satisfeito, ele procura comparação de suas apresentações e, sempre em busca de respostas, consulta "especialistas", bibliografias a respeito de comunicação, entra na internet e busca outros comunicadores para estabelecer um paralelo e chega a uma brilhante conclusão. Na realidade, tudo nos parece igual. Quem faz a diferença é o comunicador, pois ele é único.

Existem correntes de céticos que dizem que, para falar em público, você tem que ter um dom. A partir de agora, vamos desvendar os mistérios e acabar com a angústia de falar em público. Vamos desmembrar a arte da oratória em uma série de habilidades que você aprenderá a dominar e, aliado a muita prática, lhe transformará em um excelente orador.

Como tudo em nossa vida, devemos partir de algo que nos traga satisfação, uma referência. Em se tratando de referência, buscamos algo excelente, excepcional, para que possamos nos espelhar e, dentro de nossa individualidade, buscar nosso desempenho.

Ao buscar no dicionário da língua portuguesa a palavra **excepcional**, que é nossa referência, encontramos: "Que está muito acima do padrão ou da qualidade normal; excelente, brilhante". Na definição de excepcional nada foi dito como algo "perfeito", "impecável", "sem falhas", pois tamanha perfeição não existe, somos seres humanos e, portanto, passíveis de erros.

Somos comunicadores e, assim como um ator, representamos nosso personagem em diversos palcos, adaptando nosso roteiro para os diversos tipos de cenários e públicos. É ai que entra nossa individualidade, como diz Lulu Santos "Tudo que se vê não é igual ao que a gente viu a um segundo. Tudo muda o tempo todo no mundo". Com certeza, você tem assistido a palestras e comunicadores recentemente e tem notado quais aqueles que são acima do padrão, excelentes e quais aqueles que são abaixo da média, medíocres.

Quando se trata de estilo de apresentação, nível de relaxamento ou habilidade, não há duas pessoas exatamente iguais. Como disse anteriormente, cada palestrante é único. Assim sendo, não pretendemos enquadrar você em nenhum estilo pré-definido, mas complementar e aprimorar seu próprio estilo e ajudá-lo a conquistar uma série de vantagens, resultado do desenvolvimento de conhecimentos, habilidades e atitudes de comunicação oral. Tornar-se um grande orador não é uma tarefa extremamente difícil. Se bem embasada, se tornará uma jornada agradável, motivadora e gratificante.

O medo de falar em público

O medo de falar em público é algo muito normal e recorrente, o que às vezes dificulta a vida profissional das pessoas. Em um mundo competitivo como o nosso, esse medo pode causar sérios danos. Esse aumento da competitividade mundial faz com as pessoas busquem constantemente uma melhoria de desempenho em suas carreiras profissionais, fazendo com que, cada dia mais, tenhamos profissionais competentes e muito bem preparados. No bojo dessa atualização constante, está a melhoria da capacidade de expressão e de falar em público, considerada uma competência essencial nos dias atuais. Apenas como exemplo, vocês conhecem a tática da galinha ao pôr ovos? Enquanto ela está no processo de poagem, cacareja sem parar, feito uma louca, avisando a todos o que está fazendo. O exemplo é uma brincadeira, mas na nossa vida profissional devemos estar sempre aumentando nossa capacidade de comunicação pois, mesmo tendo ideias excelentes e muito conhecimento, se não conseguirmos mostrar ao mundo o que sabemos, de nada valerá. Qualquer tipo de ideia, nova ou antiga, deverá ser oferecida a determinado publico. Aí entra a diferença de um grande orador. Com firmeza e determinação, ele oferece seu produto e faz a diferença.

O medo de falar em público deve-se fundamentalmente a um monstro chamado **glossofobia** (do grego *glōssa* ($\gamma\lambda\square\sigma\sigma\alpha$), "língua" +

fobos ($\varphi\acute{o}\beta o\varsigma$), significa medo ou temor). O medo de palco também pode ser um sintoma de glossofobia.

A glossofobia provoca nas pessoas medos e dúvidas, levando-as a se perguntar:

- O que as outras pessoas vão achar da minha apresentação?
- Qual será o resultado do meu desempenho?
- Vou ser motivo de crítica pelos meus pares?
- O público vai rir cada vez que eu me enganar?
- O que vou dizer não é nada interessante para eles?
- Vou aborrecer o público, pois eles provavelmente saberão mais do que eu?
- Quem sou eu para ensinar pessoas mais experientes que eu?
- Esta apresentação tem de ser perfeita, pois muita coisa depende disso?

Você nem começou sua apresentação e o "monstro" da glossofobia já está provocando um enorme medo, ao mesmo tempo em que sabota sua comunicação. Em questão de segundos, ele irá se multiplicar, dando início a um ciclo vicioso de medo crescente. Como esse monstro foi criado pela sua mente, você terá como referência apenas as derrotas ou experiências ruins de sua vida, ocasionando a insegurança e provocando sintomas, como:

- Ansiedade intensa antes de se comunicar verbalmente com qualquer grupo, ou simplesmente a ideia de precisar se comunicar com as pessoas;
- Desconforto físico, náuseas ou sensação de pânico.

Segundo Sun Tzu em seu livro *A Arte da Guerra,* "conhece teu inimigo e conhece-te a ti mesmo; se tiveres cem combates a travar, cem vezes serás vitorioso. Se ignoras teu inimigo e conheces a ti mesmo, tuas chances de perder e de ganhar serão idênticas. Se ignoras ao mesmo tempo teu inimigo e a ti mesmo, só contarás teus combates por tuas derrotas".

Vamos seguir o primeiro ensinamento de Sun Tzu e conhecer nosso inimigo e tentar conhecer a nós mesmos e com certeza essa guerra estará ganha. Os sintomas mais específicos da ansiedade da fala podem agrupar-se em três categorias: física, verbal e não verbal.

Os sintomas físicos aparecem quando o sistema nervoso simpático é solicitado a responder a seguinte reação: **lutar** ou **fugir**? Esse sintomas são normalmente representados pelo aumento da frequência cardíaca, pressão arterial, transpiração e consumo de oxigênio. Pode ocorrer, também, problemas auditivos, dilatação da pupilas, rigidez dos músculos do pescoço e da parte superior das costas e a conhecida secura na boca. Ou seja, desmontam qualquer estrutura física.

Os sintomas verbais são responsáveis pelos problemas vocais e representados pela voz trêmula, a repetição de "umms" e "ahhs", muito comum em oradores inexperientes e ansiosos. Caso você seja um glossofóbico, fique calmo, pois a maioria dos oradores sentem algum tipo de desconforto antes ou durante o discurso em público. Não desista!

Seguindo os ensinamentos de Sun Tzu, já identificamos nosso inimigo. Agora vamos identificar as fraquezas que ocasionam tais medos e alimentam o monstro da glossofobia.

Vamos fazer um pequeno exercício mental respondendo as seguintes perguntas:

- Em minhas últimas experiências de falar em público, o que senti?

- Tive medo de quê?

- Senti alguma reação?

- O que pensei no momento do medo?

Muitas pessoas, embora tenham medo, nunca pararam para buscar o motivo do medo ou encontrar sua origem. Pense a respeito sendo honesto consigo mesmo. Como muitos de nossos medos estão diretamente ou indiretamente relacionados com medos irracionais, devemos tentar dar-lhes um pouco de racionalidade. Questione-se sobre eles, fazendo perguntas centrais, como por exemplo:

- O julgamento dos outros é realmente importante para mim?

- Sou assim tão entediante e chato?

- Existe a perfeição no ser humano?

- Por uma experiência não tão boa, devo comparar com todas as outras?

Escreva as perguntas e respostas, seja sincero e tire suas próprias conclusões. Elas serão de suma importância para o restante do processo.

Sun Tzu diz que é de suprema importância na guerra atacar a estratégia do inimigo. Sobressai-se em resolver as dificuldades quem as resolve antes que apareçam. Sobressai-se na conquista quem conquista o troféu antes que os temores de seu inimigo se concretizem e ataca a estratégia de seu inimigo na raiz. Se você gosta de ser considerado competente, de estar sempre se superando, então será fácil entender que só é possível superar um obstáculo quando nos confrontamos com esse mesmo obstáculo. Cada vez que o contornamos, estamos adiando esse confronto, fazendo com que ele cresça e se torne maior. O mesmo procedimento se passa com o medo. Quanto mais cedo o enfrentarmos, mais fácil será a vitória. Independentemente do sucesso que terá, lembre-se que existiram inúmeras coisas na sua vida que foram conseguidas após várias tentativas e uma grande dose de persistência, ou seja, sua vontade prevaleceu.

Segundo Habara, a vontade é um atributo que Deus dá a todos, ou seja, todos já nascem com ela. Mas a vontade precisa ser estimulada para se manifestar na direção que desejamos.

Como é que se estimula a vontade de mudar a situação atual?

- Destruindo aquelas atenuantes que nos desculpam das nossas falhas;

- Esquecendo o que os outros fazem pior;

- Reconhecendo que há outros que fazem melhor;

- Admitindo que precisamos reprogramar comportamentos em face das novas exigências do mundo;

- Não exigindo que os outros gostem da gente como a gente é;

- Oferecendo aos outros o que eles desejam de nós.

Seja honesto consigo próprio. Mostre-se como você é, dispa-se de "capas de confiança" já que, por vezes, as capas são muito pesadas e podem originar muita tensão. Seja como é e não como pensa que deve ser. Navegando pela internet, encontrei esse texto de Vera Lucia Ferreira e achei por bem incluí-lo, pelo seu próprio teor e por considerar que tem tudo a ver com essa parte do conteúdo.

A regra dos 60/20: a segurança do orador

Procure chegar ao local pelo menos sessenta minutos antes do início de sua apresentação. Use os primeiros quarenta minutos para preparar a sala, as cadeiras, os equipamentos audiovisuais, suas anotações. Faça uma checagem em seu computador, nas lâmpadas identificando os interruptores e tomadas de luz. Verifique se a temperatura ambiente está de acordo. Verifique se os pincéis estão com tinta e se os apagadores estão em ordem. O período de vinte minutos que antecede a palestra é o momento ideal para as apresentações, colher informações e estabelecer contato com os participantes. Acabou o ensaio, agora é para valer!

Conquiste o público. Você é responsável pelo sucesso ou pelo fracasso da apresentação.

Seja receptivo. Enquanto as pessoas estiverem chegando, dê total atenção a elas, receba-as, vá cumprimentá-las. Apresente-as umas às outras. Promova integração entre os participantes.

Você pode obter uma série de informações valiosas e relevantes em 20 minutos. Misture-se, faça contato com o máximo de participantes possíveis, faça alianças antes de começar a se apresentar criando cumplicidade com o grupo. Obedecer à Regra dos 60/20 ajudará você a parecer mais preparado, mais seguro e comprometido com o grupo.

Ser Honesto Consigo Mesmo

Você já se pegou olhando no espelho sem gostar do que vê e analisando seus pontos fortes e fracos, pensando como uma pequena cirurgia plástica poderia mudar seu visual? Com certeza a resposta será positiva, mas dita com certo receio. É a autodefesa. Imagine se você olhar para dentro de si mesmo e detectar uma série de defeitos que, se corrigidos, trariam uma vida com mais equilíbrio e harmonização individual e com seu próximo. Essa "cirurgia plástica" parece fácil, mas não é, pois durante toda sua vida você desenvolveu vários mecanismos de defesa contra o medo de não ser aceito ou amado do jeito que você gostaria que fosse. Ao se esconder para si mesmo, fingindo ser o que não é, você vai se transformando num alienado de si mesmo. Esse resgate irá depender somente de você. Ao olhar para dentro de si mesmo, você poderá encontrar seus defeitos e, conhecendo-os, poderá mudá-los, pois só podemos mudar aquilo que conhecemos. Reflita sobre o assunto, veja como você costuma agir. Não será fácil, mas tente dar o primeiro passo.

O que fazer para tornar-se honesto consigo mesmo

Para atingir esse objetivo, é necessário ter coragem o suficiente para encarar e trabalhar com aquilo que você considera perigoso e doloroso, buscando uma solução para cada caso, ao invés de fugir dos problemas, fingindo que os mesmos não existem. Fingir é demonstrar aquilo que você não sente, é mentir para você mesmo, não sendo você verdadeiramente.

Ao encarar um ato desonesto, se você reconhecer para si mesmo que estava com medo, você já deu um passo importante na busca de tornar-se uma pessoa verdadeira e compromissada consigo mesma.

Você só domina um assunto quando esse assunto te domina

Escolha um tema ou assunto que você domine bem. Pesquise. Escreva sobre ele. Mergulhe fundo nas pesquisas. O completo domínio do assunto é fator preponderante para o sucesso da apresentação. Planeje uma apresentação com dez minutos de duração. Estruture sua apresentação, utilizando as seis características dos comunicadores fora de série e, como indivíduo que você é, coloque sua marca registrada. Visualize e elabore as etapas a serem cumpridas, pois o tempo é um fator importante para atingir a excelência.

Tenho certeza de que sua apresentação será capaz de conquistar o público, pois você demonstrará total confiança em seu discurso, mantendo um alto grau de profissionalismo, assumindo a responsabilidade do sucesso ou do fracasso e fará o que for necessário para assegurar que a plateia entenda e assimile sua mensagem. Chame a família ou amigos para assistirem seu desempenho. Eles farão o papel da plateia e poderão opinar sobre seu desempenho, utilizando o questionário de avaliação. Caso não seja possível contar com familiares e amigos, sua apresentação pode ser feita na frente de um espelho ou câmera de vídeo para que você possa ver o resultado. Utilize um cronômetro para marcação do tempo, ele é importante para o sucesso de sua apresentação. Treine, treine e treine mais um pouco. Mantenha a calma e ficará surpreso ao ver como praticar pode ser fácil e conveniente.

Depois de fazer uma apresentação de sucesso, você poderá atingir a excelência com as novas informações captadas durante o discurso. Gostaríamos que você mesmo fizesse uma avaliação de sua apresentação, procurando encontrar seus pontos fortes e fracos.

Reflita sobre a sua performance e preencha o questionário abaixo. Seja sincero com você mesmo, pois sua avaliação será de grande importância para as próximas vezes.

Autoavaliação da Apresentação

Tema da Apresentação: _____

Fui organizado? Sim _____ Não _____

Pontos fortes:

_____

_____

_____

_____

_____

Pontos fracos:

_____

_____

MARKETING PROFISSIONAL: CONQUISTANDO PESSOAS... 111

_____

_____

_____

Falei com paixão? Sim _____ Não _____

Postura básica: (uma ou mais)

_____

_____

_____

_____

_____

Meus gestos e movimentação foram? Definidos ( ) Vagos
( ) Limitados ( )

Contato visual: Sustentei minha apresentação? Sim ( ) Não ( )

Envolvi o grupo? Sim ( ) Não ( )

Minhas expressões faciais foram convidativas ou reservadas?

_____

Minha voz foi dinâmica ou monótona? _____

_____

Houve algum ruído verbal? _____

_____

Fui carismático? _____

_____

Quais as técnicas de envolvimento empregadas? _____

_____

_____

Fui natural e informal? _____

_____

Avaliação Final: (5 a 10) _____

O que você acha que foi bom e o que pode melhorar?

Buscando Referências

Faça uma retrospectiva de sua vida pessoal e profissional e busque no fundo do baú dois grandes oradores ou apresentadores que o tenham impressionado positivamente. Pode ser uma personalidade da mídia, um atleta, um professor, um político, um empresário ou um líder religioso. Relembre a apresentação e faça uma lista com quatro características de cada um deles, destacando as excelentes e as medianas.

Orador n°. 1

Orador n°. 2

Com base nas respostas, vamos entender o que faz uma pessoa se destacar como orador e, muitas vezes, fazer com que um comunicador mediano se torne um fora de série.

As Principais Características dos Oradores Fora de Série

Em seu livro *Como se tornar um comunicador fora de série*, Koegel apresenta o resultado de uma pesquisa, onde um dos objetivos era saber quais as principais características que fazem um comunicador mediano se transformar em um orador de sucesso. Segundo Koegel, "Todos os grandes oradores compartilham seis características essenciais: organização, paixão, carisma, naturalidade, capacidade de entender a plateia e determinação para treinar".

A partir de agora, vamos analisar cada uma dessas características, visando não apenas conhecê-las individualmente, mas incorporá-las ao seu estilo de trabalho e colocá-las em prática em suas apresentações.

Organização

O grande orador sabe que para alcançar o sucesso precisa ter organização, combinação de esforços de toda a equipe visando o objetivo final, que é encantar a plateia. Ele deve estar sempre no comando, ciente de tudo o que acontece no decorrer de sua apresentação. E, principalmente, ter credibilidade, um bom jogo de cintura e equilíbrio, estando sempre bem preparado para contornar situações inesperadas.

Paixão

Imagine a seguinte situação: seu coração bate acelerado. Em poucos minutos você irá realizar um sonho, o primeiro encontro com aquela pessoa que traz emoção para o seu coração. Você tem um sentimento estranho que provoca sintomas e sensações estranhas. Finalmente, a pessoa aparece e o sonho se realiza.

O orador de sucesso é um entusiasta, sempre apaixonado por seu trabalho, convicto de suas posições, fazendo com que sua energia contagie a plateia. Por amar aquilo que faz, encara cada uma de suas apresentações como se fosse um primeiro e único encontro com a pessoa amada.

Antes do início, terá os mesmos sintomas e as mesmas sensações da história acima e, quando iniciar seu discurso, é como se a pessoa amada aparecesse e a história terminasse em um final feliz. Siga o exemplo do filósofo chinês Confúcio: *"Escolha um trabalho do qual você goste e não terá de trabalhar um único dia em sua vida"*.

Carisma

O grande orador precisa ser carismático, espontâneo e simpático, sendo sempre contagiante com seus pares. Deve ter atitude de liderança, buscando sempre uma comunicação rápida com a plateia, com naturalidade e simpatia.

Naturalidade

O grande orador deve ser sempre natural, modesto, sem nenhum tipo de atitudes artificiais. Suas ações devem ser simples, mesmo diante das dificuldades que a vida apresenta. Por ser natural e seguro de si, não encontra dificuldade em trabalhar com qualquer tipo de público e atrair a atenção das mais distintas plateias.

Capacidade de entender a plateia

Como vimos na característica "Organização" o grande orador planeja, detalhadamente, todas as etapas de sua apresentação, para que tenha segurança na hora de executá-la. Uma das primeiras providências a ser tomada é o reconhecimento do local da atividade, o "local do show". Após o conhecimento do local, o orador deve procurar saber para qual público irá fazer sua apresentação. Sabendo para quem irá falar, ele poderá fazer, com antecedência, as adequações necessárias, ficando dessa forma mais confortável para entender os anseios da plateia e atingir os objetivos da apresentação.

Segundo Nikos Kazantizakis, escritor grego, autor de *Zorba, o Grego*, "os melhores professores são aqueles que sabem se transformar em pontes e que convidam seus alunos a atravessá-las".

Determinação para praticar

No início deste capítulo, apresentamos alguns exercícios para que o leitor pudesse treinar suas apresentações e depois, preenchendo um questionário, verificar quais os pontos que precisam ser mais aprofundados. Concordando com Koegel, temos certeza que para se tornar um grande orador é necessária **muita transpiração** e **pouca inspiração**.

Como diz um velho jargão do futebol, treino é treino, jogo é jogo. É preciso treinar sempre, para poder jogar uma excelente partida. Passando para sua vida pessoal ou profissional, você vai se deparar, diariamente e em todo lugar, com diversas oportunidades de exercitar sua comunicação, verbal ou corporal. Utilize seu cotidiano para praticar sua capacidade de comunicação, basta ter vontade de fazê-lo e procurar se aprimorar com seus próprios erros e acertos.

O momento de treinar não é durante o jogo, ao vivo, em situações de tudo ou nada. O momento certo de treinar é em seu cotidiano, quando se pode errar, pagar micos e consertar os próprios erros sem grandes prejuízos.

Só não falha quem nunca tenta. Vamos praticar?

Já que falamos em treinar, você terá a oportunidade de exercitar, pela primeira vez, seu poder de comunicação. Para isso, vamos falar sobre sua autoestima. Antes de qualquer coisa, você precisa aprender a relaxar pois, quando você está relaxado, curte mais a si mesmo, ou seja, sua autoestima aumenta.

Você já ouviu falar em visualização? É um método milenar de condicionamento cerebral em que se cria uma realidade para o cérebro, visualizando todos os detalhes dessa realidade, seja um objeto, um sentimento ou uma ação. Se a visualização for bem feita, a mente não distingue se ela é real ou não, dando até para enganar um detector de mentiras. Sua ação é a sua apresentação.

Uma coisa importante para melhorar a sua autoestima é saber aceitar suas falhas. Todo mundo falha, pois só falha quem tenta. É melhor tentar do que não tentar. Veja o exemplo de um bebê: ao tentar andar, ele cai e levanta diversas vezes, até que finalmente consegue ficar de pé e caminhar. Vamos supor que a criança não aceitasse falhar e desistisse na primeira tentativa: ninguém andaria no mundo. Segundo RIBEIRO: *"Os erros são os grandes momentos de nossa existência"*.

As Modalidades de Apresentações

Parabéns por ter completado a primeira parte da jornada para se tornar um grande comunicador. O seu desempenho a partir de agora é que irá determinar a rapidez com que atingirá o nível excepcional, pois iremos, através dos conteúdos e práticas, aprimorar sua capacidade de comunicação e persuasão que farão a diferença em todos os aspectos de sua vida.

Tenha sempre em mente o seguinte:

- Não se conforme em ser mediano quando pode ser excepcional;

- Todos os contatos e apresentações são importantes;

- Quem pratica, melhora. Quem não treina não pode jogar, está fora de forma.

"Depois que tiver experimentado a sensação de voar, você andará na Terra com os olhos no céu, pois tendo estado lá, é para lá que deseja voltar."

Leonardo da Vinci

Dentro da empresa você sempre foi convidado para falar em público e na faculdade sempre foi o escolhido para apresentar os trabalhos do grupo. Pelo jeito você deve ser um bom comunicador, certo? ERRADO! Não devemos confundir um bom comunicador com uma pessoa desinibida, pois até o desinibido pode se dar mal se não souber escolher a forma correta de apresentação.

A seguir, conto um exemplo dado pelo Professor Ney Pereira em seu curso Professor Nota 10, ministrado ao corpo docente da Fundação Getúlio Vargas, do qual tenho o privilégio de participar.

Imagine-se um excelente dançarino de tango. Em toda festa que você participa, é um arraso total. Você brilha. É o centro das atenções. Um dia você participa de um evento em outra cidade. "Vou arrasar", você pensa. Começa a preparação para o arraso, treino, ensaios, escolha das músicas, tudo para ficar perfeito, afinal, você é o cara.

Enfim, o dia chegou e você se prepara para a festa. Escolhe um terno risca de giz, igual ao usado pelo músico Carlos Gardel. Os sapatos em duas cores combinam com o traje. Nem o gel nos cabelos você esqueceu. Você está um perfeito *porteño*. Só precisa entrar e abafar. Ao chegar, você tem uma tremenda surpresa: a casa de shows toca somente FORRÓ. Você, vestido de Carlos Gardel, ficou parecendo um estranho no ninho. Nada adiantou tanto treino e preparação, pois a situação, apesar de relacionada com a habilidade de dançar, era específica para a modalidade forró.

Com o exemplo, queremos explicar que podemos ser ótimos comunicadores para determinados cenários. Para cada modalidade de apresentação, existem técnicas que, apesar de partirem de conceitos comuns, possuem especificidades e peculiaridades que precisam ser levadas em consideração. Caso contrário, você será um Carlos Gardel no meio de Lampiões e Marias Bonitas.

Para que possamos fazer as opções adequadas, vamos resumir as modalidades em quatro categorias básicas de apresentações: aula, palestra, seminário e apresentação.

A aula é o horário de estudo de uma turma na escola. Popularmente, a palavra *aula* pode ser usada para definir diversas ações: local que contém alunos, professores, livros, mesas e demais recursos, necessários à realização da aula; período estabelecido em que aluno e professor dedicam-se ao processo ensino-aprendizagem; momento em que dedicamos à aquisição de algum conhecimento. Antigamente, seriam os locais para onde os discípulos eram conduzidos para que recebessem o conhecimento.

A palestra é uma apresentação oral para apresentar informações ou explanar a respeito de um determinado assunto. São usadas para transmitir informações consideradas importantes, históricas, práticas e teóricas. Geralmente, o palestrante coloca-se em posição de destaque no local da palestra para que possa ser visto por todos os participantes.

O seminário é uma apresentação oral para apresentar informações científicas, literárias, artísticas, bem como ações de avaliação. Pode ser utilizado para reuniões de estudos e pesquisas e discussões a respeito de determinado assunto.

A apresentação é a explanação de um conteúdo próprio para uma ou mais pessoas. Podem ser de vendas, informativas ou motivacionais, entrevistas ou para construção de sua imagem pessoal. As apresentações profissionais são expositivas ou persuasivas e, conforme a necessidade, deve ser feita de improviso, por escrito ou memorizada. As apresentações orais podem ter três finalidades básicas: informar, convencer ou construir uma boa imagem.

Para você ficar mais seguro, vamos esclarecer as diferenças entre essas modalidades. Segundo Pereira (2011), devemos separá-las de acordo com critérios de **forma** e **conteúdo**. O mesmo autor afirma que podemos chamar de forma o **como**, ou seja, todos os esforços genuínos voltados para manter a atenção, concentração e a motivação do ouvinte. Podemos, ainda, chamar de forma a comunicação não verbal. Já o conteúdo é a informação propriamente dita, sem a preocupação estética, em sua manifestação mais crua, como em um telejornal.

Podemos, então, chamar o conteúdo de comunicação genuinamente verbal.

Exemplificando:

- Aulas tradicionais: tratamento igual para forma e conteúdo;

- Apresentações e palestras: ênfase na forma;

- Seminário acadêmico: ênfase no conteúdo.

Reconhecendo o terreno: o local do show

Desde os primórdios, um aspecto determinante para o sucesso é o conhecimento do local onde vamos atuar. O artista antes da apresentação sobe ao palco para passar o som, fazer as marcações que utilizará antes do show. O jogador de futebol faz um reconhecimento do campo antes das partidas para ver a qualidade do piso e o tipo de chuteira que vai utilizar, entre outras coisas, para estar seguro na hora do jogo. Você não é diferente. Antes de sua apresentação é necessário conhecer, com detalhes, o local em que irá atuar e a composição da plateia, pois é para ela o objetivo de seu desempenho. Um pequeno detalhe de última hora pode acabar com sua atuação.

Fazendo a gestão do ambiente: arrumando a casa

Por incrível que pareça, a arrumação do local da apresentação pode influenciar no resultado do nosso trabalho. Como essa arrumação afeta diretamente o orador, é importante que ele traga para si a responsabilidade de orientar, quando possível, como o local deve ser arrumado.

Para que tenhamos uma melhor compreensão da arrumação correta do local do show, vamos partir do princípio de que o orador não pode ser transformado em "espelho sem aço", ou seja, ficar na frente da tela do projetor atrapalhando a visão do grupo. Para que isso não ocorra, devemos tomar alguns cuidados na arrumação do ambiente da apresentação.

- Quando os participantes estiverem sentados em mesas ou cadeiras escolares, uma atrás da outra, tipo sala de aula, posicionar a tela do projetor em **um dos cantos** de frente para a plateia, permitindo que o orador se posicione no centro, tendo mobilidade para sua apresentação e não atrapalhando a visão dos assuntos projetados na tela.

- Quando o projetor estiver **fixo no centro da sala**, o orador deverá se posicionar em um dos lados da tela, tomando o cuidado para não ficar passeando na frente da projeção, de um lado para outro, parecendo um "leão enjaulado". Caso essa movimentação seja necessária, procure fazê-la quando não houver nenhum tipo de projeção na tela. Pode parecer difícil, mas é só uma questão de planejamento na elaboração dos slides.

- Agora, se o orador puder mudar a distribuição das cadeiras, nesse caso, a melhor distribuição é no formato **"espinha de peixe"**, pois possibilita que os participantes tenham uma boa visualização do conteúdo projetado e o orador melhor espaço para sua apresentação, sem correr o risco de se tornar parte da projeção.

- Dependendo do tipo de apresentação para até 30 pessoas, o orador poderá optar por outros formatos como: semicírculos, quadrado aberto ou em formato de "U". Em formações desse tipo os participantes poderão visualizar e interagir melhor com seus pares, fazendo com que se tenha uma maior participação do grupo. O único perigo é o planejamento do tempo, pois os debates costumam aumentar o tempo previsto para o encontro.

Planejando e Memorizando Sua Apresentação

Ao iniciar o planejamento e buscar memorizar sua apresentação, é comum bater aquele medo, pois é algo novo e você não está seguro. Prepare-se adequadamente, enfrente o medo e com certeza você sairá vencedor.

Não adianta querer decorar o discurso, pois ao ficar atrelado a textos preconcebidos, caso tenha algum branco na memória, você ficará vulnerável e. como consequência. poderá esquecer o que teria de ser dito. O mais importante é você ter convicção daquilo que irá falar. Procure ser espontâneo, ter conhecimento para algum improviso e com certeza o discurso sairá normalmente.

Para que você tenha sucesso nesse enfrentamento, vamos nos valer de uma arma eficaz na elaboração de qualquer apresentação, vamos fazer o **planejamento** pois, segundo Sun Tzu, "a grande sabedoria é obter do adversário tudo o que desejas, fazendo com que seus atos redundem em benefício para ti".

Quando perguntadas as dificuldades das pessoas em relação a falar em público, 40% delas se queixa de dificuldades de memória. E essa queixa não é destituída de razão, porque a memória é muito útil à vida. Universitários sentem a importância da memória.

Comerciantes, professores, políticos, operários, bancários, advogados, médicos, donas de casa, muitos reclamam da deficiência de memória, precisamente por reconhecerem não estar aparelhados com um instrumento hábil aos objetivos da vida. Porque a memória é fundamental na vida do orador. Acontece que o fato de não estarmos satisfeitos com nossa memória não nos deixa prisioneiros dessa impotência. Podemos educar ou reeducar nossa memória. Este trabalho é indispensável para quem deseja ser um bom orador.

Se você não memorizar a apresentação, o ato de comunicar terminará reduzido a um treino de improvisação. A atriz Bette Davis considerava falta de respeito para com o público não decorar o papel. Além do mais, Dante tinha razão ao considerar que não adianta estudar, se não se memoriza o que foi compreendido. Para resolver este conflito, vejamos alguns procedimentos que poderão auxiliá-lo, caso haja necessidade, na memorização de sua apresentação.

Potencializando sua memória

Existe hoje no comércio uma fartura de livros sobre o cultivo da memória. Tanto isso é verdade que quase desisti de incluir este tópico e a minha indecisão terminou favorecendo a inclusão de algumas dicas indispensáveis, que poderão ser encontradas em publicações à venda nas melhores livrarias da cidade.

Em primeiro lugar, a capacidade de memorizar é elástica. Pode ser ampliada, aumentada, fortalecida. Depende, e muito, da motivação existente em nós. Se estivermos convictos da necessidade e da utilidade de memorizar qualquer informação e qualquer dado, a memória funcionará melhor.

No ato de memorizar, a concentração ajuda e potencializa. Mas, no momento de falar, a concentração excessiva pode prejudicar, por gerar bloqueios. Portanto, reúna suas forças mentais na hora de reter o conteúdo para poder ficar à vontade no momento de dizê-lo. O exercício da memória é viável porque é uma aptidão viva. Tudo o que é vivo pode ser desenvolvido, se for estimulado. Só que o exercício da memória supõe boa motivação, isto é, algum interesse, alguma vantagem do material a decorar. Proporcione, então, pequenos exercícios periódicos à sua capacidade de gravar, para que ela cresça como um músculo exercitado. A diferença, porém, é que a memória exige um bom motivo para funcionar bem. De nossas aptidões psicológicas, a memória se mostra como a mais interesseira.

Técnicas para memorização

Existe uma série na TV a cabo, chamada *Unforgettable*, onde a protagonista é dotada de uma memória fotográfica. Tudo o que ela vê fica gravado para sempre e ela usa esse dom para desvendar os casos policiais mais intrincados. Como esses dons são raros, nós, reles mortais, temos que aprender a guardar na memória aquilo que devemos utilizar para nos comunicar. Se vamos fazer uma palestra ou falar em público devemos conhecer, a fundo, aquilo que iremos dizer, ou seja, temos que memorizar o conteúdo de nossa apresentação.

Como não existe uma regra rígida que nos auxilie na memorização, deveremos fazer uma autoanálise para identificar a melhor maneira de memorizar o que iremos dizer. Existem alguns recursos, nem sempre infalíveis, para aumentar a nossa capacidade de memorização. Para auxiliar o estudo dos leitores, vamos relatar abaixo alguns exemplos que poderão ser usados nas suas apresentações:

Você já planejou uma viagem? Elaborou o roteiro, os locais mais importantes que você gostaria de visitar, os pontos que gostaria de fotografar? Antes de sair para viajar, você deve ter tudo planejado para nada dar errado e você ter uma viagem tranquila e feliz.

Ao planejar uma apresentação, faça um roteiro, um esquema com aqueles tópicos importantes, fundamentais, ou seja, aqueles que irão compor a estrutura de sua fala. Essa estrutura deverá estar bem fixada em sua mente. Lembre-se, você não é nenhum papagaio que repetirá, palavra por palavra, daquilo que será dito. Um orador de sucesso não se arrisca a falar em público sem ter o completo domínio do assunto e da forma de apresentá-lo. Esse roteiro deve estar sempre fixado em sua mente. Ou seja: a introdução, os vários itens que compõem o conteúdo, o desenvolvimento e a conclusão da apresentação.

Quando eu cursava o colegial, tive um professor de latim que passava semanalmente para a classe a seguinte tarefa: copiar 200 vezes cada conjugação de verbo. Segundo ele, esse tipo de exercício auxiliava a fixação do assunto. Eu fiz muito esse tipo de exercício. Como não gostava da matéria, usava várias folhas de papel carbono para concluir o trabalho. Esse método não é o ideal, mas ajuda a fixar o conteúdo. Ao invés de copiar 200 vezes faça, em uma folha de papel, uma lista com os pontos principais a serem memorizados. Para ficar mais lúdico e interessante, coloque cada um desses pontos no interior de um quadrado. Comece a montar uma figura geométrica, onde o lado inferior do quadrado possa ser unido com a parte superior da figura contendo o próximo ponto. Feito isso, você terá uma estrutura que facilitará a memorização dos pontos a serem apresentados. Tendo os tópicos absorvidos, ficará bem mais fácil completar a apresentação com o restante do conteúdo.

O texto deve ser lido e relido evitando, assim, ter que apelar para a improvisação, uma prática não muito segura, que poderá jogar por água abaixo a qualidade de sua apresentação. Improvisar é muito bonito em programas humorísticos, não em apresentações de sucesso.

Muito bem. A estrutura está feita, faltam os detalhes restantes para a conclusão da obra. Para uma correta memorização, é importante colocar no papel o que será apresentado. Durante o processo de escrita e releitura, com certeza serão acrescentados novos pontos do conteúdo e o resultado final será um sucesso. Procure ler, interpretando, várias vezes o conteúdo, até ter a certeza de que não será necessário o auxílio do que foi escrito, pois você terá a segurança de repetir mentalmente todo o conteúdo produzido. No início você poderá ter alguma dificuldade para reter mentalmente o conteúdo. Para facilitar, procure definir algumas palavras ou frases importantes que darão a sequência dos tópicos e a fixação dos assuntos. Depois de ter fixado a estrutura e o conteúdo você estará pronto para fazer uma excelente apresentação. Caso apareça algum obstáculo durante sua fala, a solução será encontrada sem nenhuma dificuldade, pois você está preparado.

Segundo Mohana, em seu livro *Como ser um Pregador,* "o estudo psicológico da memória descobriu que ela se lembra mais prontamente de pensamentos do que de palavras. Este é o motivo que nos aconselha a dividir trechos longos em parcelas menores, e a unir parcelas menores em porções maiores. Ninguém realiza essas operações sem discernimento e experiência". Ainda segundo Mohana, "são uma conquista de quem sabe que frases são recordadas melhor que listas de palavras. Pouco a pouco o desenho da apresentação vai se fixando em sua memória. Pouco a pouco você passa a enxergar o desenho da apresentação em sua mente. Jamais memorize frase por frase".

Para memorizar sua apresentação, faça do espelho de sua casa a sua plateia. Leia e releia em voz alta, diversas vezes, procurando visualizar sua apresentação, analisando seus gestos, os movimentos de sua boca e de seu corpo. Procure ouvir o que você está falando, isso é importante para a conclusão final do seu trabalho. Durante esse "ensaio", destaque no papel os pontos fortes e fracos de sua apresentação, que deverão ser trabalhados e servirão para potencializar sua capacidade de memorização. Devemos utilizar aquela máxima de vendas "Para alcançar o sucesso devemos ter 10% de inspiração e 90% de transpiração". Vamos à luta!

CAPÍTULO 6

RESTAURANTES: COMO SE PORTAR EM ALMOÇOS OU JANTARES DE NEGÓCIOS

Como esse é um tema controverso entre pessoas com boa educação, vamos iniciá-lo abordando alguns aspectos que podem, ou não, manchar sua reputação.

Vejamos:

- A pessoa que convida deve chegar sempre antes dos convidados;

- Jamais se aperta a mão do maître ou do garçom;

- Mesmo que encontremos amigos íntimos no restaurante, não devemos estender a mão para quem já está sentado. O ideal é acenar de longe, pois se aproximar da mesa obrigará os homens sentados a se levantarem para cumprimentar você;

- Certifique-se de que está escolhendo um prato ou bebida da qual gostará;

- Evite chamar atenção sobre você mesmo. Não fale alto;

- Surgindo um convite para restaurante com nota dividida, se você estiver sem condições financeiras para o rateio, deve comer em casa e alegar estar indisposto no restaurante. Peça, então, somente uma água mineral ou um chá;

- Chame o maître e os garçons discretamente. Estão proibidos assobios, apelidos como: "xará", "meu", "amigão" ou "psiu". O correto é erguer um pouco o braço e chamar "por favor";

- Evite brindes ruidosos à mesa;

- Peça a nota, não a conta. Mantenha a fisionomia absolutamente neutra ao recebê-la. Se houver algum erro, chame o maître e delicadamente aponte onde está o erro;

- As mulheres não se levantam para cumprimentar quem chega. Os homens se levantam sempre e deverão fazê-lo para qualquer conhecido que se aproximar da mesa para cumprimentar;

- Não coloque embrulhos ou bolsas sobre a mesa, peça uma cadeira extra;

- Não pendure o paletó no encosto da cadeira. Homens devem permanecer vestidos com ele, pois restaurantes costumam ter ar-condicionado;

- Se o guardanapo cair no chão, não o apanhe. Peça outro;

- Mulheres não se penteiam nem retocam a maquiagem ou batom à mesa;

- Se seu grupo for muito grande, prefira restaurantes mais descontraídos;

- Faça os pedidos à pessoa encarregada de processá-los;

- O staff dos restaurantes é composto por gerente, maître, sommellier, garçom, comin, barman, recepcionista e manobrista. O sommellier é o responsável pelos vinhos, comin é o auxiliar do garçom e o barman é o responsável pela confecção dos drinks;

- É proibido, por lei, fumar em estabelecimentos fechados;

- Só fume cigarro, charuto ou cachimbo em áreas abertas e locais apropriados (charutarias).

Almoço ou Jantar de Negócios: Rituais Básicos

O local escolhido deve agradar aos convidados e deve visar o objetivo do encontro. Normalmente, os locais mais indicados são os que têm facilidade de estacionamento ou de chegada. Aguarde o momento oportuno para abordar os temas da negociação. O anfitrião é quem inicia o assunto. O convidado deve ser sempre informado do objetivo do convite. Aquele que convida escolhe o restaurante, reserva a mesa e acerta a conta. Aquele que é convidado deve informar se for vegetariano, se estiver de dieta ou se tiver restrições de ordem religiosa.

Restaurantes badalados não são indicados para almoços ou jantares de negócios. Ser frequentador habitual de bons restaurantes garantirá a você um atendimento mais cuidadoso.

Quem convidar deve telefonar na véspera para confirmar hora e local e dar ao convidado as dicas de estacionamento. Deve também estar atento à hora em que o convidado deve se retirar. Se um dos convidados não puder comparecer, deve avisar ao anfitrião em tempo hábil para combinar nova data. Se o convidado se atrasar e não for localizado, o prazo de espera é de 45 minutos. Após esse prazo, o anfitrião deve se retirar, deixando uma breve mensagem ao retardatário. Se o anfitrião se atrasar, deve dar instruções ao maître para que cerque o convidado de atenção, recompensando-o posteriormente.

O convidado deve sentar-se no lugar de honra, que oferece melhor visão do salão. As piores mesas são as que ficam próximas dos toaletes, das portas de entrada e da saída dos garçons. Havendo outros membros do staff, o anfitrião deve informar ao convidado seus nomes e funções, preferencialmente na hora do convite. Escolher bebidas alcoólicas deve ser de iniciativa do convidado mais importante. Em almoços de negócios, o álcool não é aconselhável. Havendo vinho, o anfitrião é quem faz o brinde, dizendo "saúde a todos" ou "sejam bem-vindos".

Quando forem somente duas pessoas, o convidado diz ao anfitrião o que vai comer e este solicita ao maître. O anfitrião solicita a entrada e o prato principal e, ao final, solicita a sobremesa. Nesse caso, o convidado não se dirige ao garçom, cabendo essa tarefa ao anfitrião. A maneira correta de chamar o garçom é: "garçom, por favor!". Prefira pratos de fácil degustação. Se por algum motivo não for possível comer, o convidado deve colocar o talher na posição de encerramento e informar ao anfitrião a razão de seu gesto. Qualquer reprimenda em relação ao serviço deve ser feita fora da mesa, nunca na frente do convidado. Guardanapos de pano ficam no colo. Sempre que for beber, utilize-o para enxugar os lábios com um leve toque. Se ele cair no chão não o apanhe, peça outro ao comin. Ao término da refeição, ele é deixado ao lado do prato. Guardanapos de pano não podem ser de novo dobrados. **Nunca use palito.** A despesa deve ser paga discretamente pelo anfitrião. Cartões de visita normalmente são trocados ao final. Esses procedimentos valem também para a mulher executiva que convida um cliente um para almoço de negócios.

É importante lembrar que o convidado tem por obrigação enviar um cartão de agradecimento pelo convite, elogiando a comida e o ambiente, mesmo que não tenha sido o caso.

Se o almoço tiver que ser no escritório, é necessário providenciar tudo do melhor nível. Não há possibilidade de servir um convidado com copos, pratos e talheres descartáveis e toalhas de papel. Evite pratos ou sanduíches com muito molho, pois são difíceis de comer sem fazer sujeira. Faça uma pausa nos trabalhos para comer.

Importante: refeições de negócios não se prestam à apresentação de relatórios ou quaisquer outros documentos, pois exige malabarismo dos participantes, tentando ao mesmo tempo segurar talheres e papéis. Ao final, não se conseguem refeições e reuniões satisfatórias.

Comportamento à Mesa: Dicas Básicas

Ao receber um cliente para um almoço ou jantar de negócios, ou mesmo em um acontecimento social, qualquer gafe à mesa pode comprometer a sua reputação, seja socialmente ou no mundo dos negócios.

O comportamento à mesa deve ser praticado e treinado na sua intimidade e no dia a dia para que se torne natural e pareça ter sido aprendido desde criança. Pratos de pão ficam no alto, à esquerda. Lavandas são colocadas também no alto à esquerda quando iguarias tiverem que ser degustadas com as mãos. Servem para limpar as pontas dos dedos. Se for acompanhada de um pequeno lenço, use-o. Caso contrário, use o guardanapo. Se houver entrada, ela já poderá estar servida quando os convidados vierem para a mesa.

Importante: à medida que o serviço se desenvolve, os pratos, talheres e copos vão sendo retirados. As tigelas de consommé têm duas asas, mas só as segure se o anfitrião o fizer. Caso contrário, use a colher. Se houver sous-plat, eles permanecem até o último prato, sendo retirado antes da sobremesa.

Mise en Place

Nos dias de hoje, principalmente com o advento da internet, somos colocados diante de certos termos, estrangeiros ou não que, se não forem do nosso conhecimento, assinaremos um atestado de ignorante — e isso no mundo dos negócios é terrível. Uma dessas expressões, *mise en place*, é um termo francês que significa, ao pé da letra, "pôr no lugar", ou seja, organizar utensílios seja para preparar ou para degustar o alimento ou a bebida.

Assim, tanto a prévia do ato de cozinhar — cortar legumes, temperar a carne, selecionar panelas e talheres — quanto a prévia do ato de servir — arrumar a mesa com a correta disposição de pratos, copos e talheres — denomina-se *mise en place*. Vamos descrever o correto *mise en place* de uma mesa de almoço ou jantar.

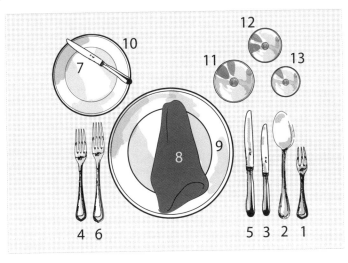

1. Garfo pequeno usado para comer ostras

2. Colher para sopa

3. e 4. Talheres para o primeiro prato, normalmente um peixe ou frango (carne branca) — quando for peixe, utilizamos garfos e facas específicos

5. e 6. Talheres para o prato principal

7. Faca para manteiga

8. Guardanapo de pano

9. Sous plat — um suporte para o prato que ajuda a embelezar a mesa

10. Prato de pão

11. Copo de água

12. Copo para vinho tinto que acompanha o prato principal

13. Copo para vinho branco que acompanha o primeiro prato

Se você for "marinheiro de primeira viagem" e não estiver acostumado a refeições requintadas, não fique preocupado, porque o mise en place deve ser feito de acordo com o cardápio a ser servido, ou seja, você irá colocar os pratos, copos e talheres que realmente serão utilizados. A etiqueta em exagero pode gerar constrangimentos aos leigos, porém, caso você queira surpreender e fazer algo especial, use e abuse dela — até em um descontraído happy hour na varanda de sua casa.

Com base na ilustração abaixo, vamos identificar os copos e talheres de uma mesa, bem como sua correta utilização.

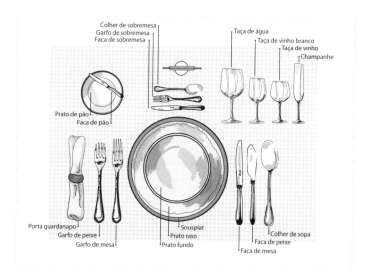

Os copos são alinhados no alto, do lado direito do prato, na ordem em que serão usados, começando pelo mais próximo da mão, ou seja, da direita para a esquerda.

O primeiro é médio para vinho branco.

O segundo um pouco maior para vinho tinto.

O terceiro um pouco maior para água.

Poderá haver ainda um copo em formato flüte, para o champagne.

Os copos de pé devem ser segurados pelas hastes, sem deixar o dedo mínimo levantar.

Os copos não devem ser cheios até as bordas e nem ficarem vazios. O correto é dois terços e serão retirados à medida que o serviço prossegue, com exceção do copo para água, que permanece até o final.

Os talheres são colocados de ambos os lados e acima do prato e são usados de fora para dentro.

Os garfos ficam do lado esquerdo, sendo elegante usá-los com essa mão.

As facas e a colher de sopa ficam do lado direito, devendo ser manuseadas com essa mão. As facas devem ter os gumes voltados para o prato.

Os talheres de sobremesa ficam acima do prato, podendo também vir para a mesa junto com a sobremesa.

Se houver uma entrada diferente, como scargots, haverá um pequeno garfo do lado direito e uma pinça do lado esquerdo. Para servir-se de patês ou caviar, haverá uma pequena faca de lâmina do lado direito.

Os talheres ficam com a parte côncava para baixo. Na França, podem ficar virados para cima, exibindo os brasões.

Você precisa saber

Os garfos e colheres servem apenas para levar a comida à boca. Não se deve, portanto, levar a boca à comida.

Ao cortar a carne ou o peixe, o garfo fica com a parte côncava virada para baixo e o indicador da mão direita serve para firmar a faca. Ajudar com a faca a colocar a comida no garfo é a maneira mais elegante e prática. É a maneira europeia.

A posição de descanso não admite apoiar os talheres na mesa, facas ficam na borda direita e garfos na borda esquerda do prato.

A sopa deve ser tomada pelo lado da colher e, ao terminar, ela fica no prato auxiliar. O pão é partido com as mãos, não devendo ser cortado com a faca.

Ao término da refeição, os talheres são dispostos numa linha perpendicular ao prato, sentidos norte-sul, nunca cruzados.

O anfitrião é quem encerra a refeição, levantando-se da mesa, sendo que, nos eventos sociais e residências, esse papel cabe à anfitriã.

Não se esqueça: mantenha sempre os cotovelos junto ao corpo, nunca afaste os braços parecendo asas. Os pulsos podem ser apoiados na mesa (sempre), o antebraço às vezes e os cotovelos, nunca. Lembre--se dessas três palavras: **sempre, às vezes e nunca** e jamais terá problema de postura à mesa.

Tipos de Serviços

Um pouco de história

As normas de etiqueta à mesa surgiram na antiga França, onde até hoje são consideradas como sinônimo de requinte e refinamento. Quem nunca ouviu falar dos maravilhosos "menus" desenvolvidos pelos franceses, suas belas mesas compostas com bom gosto e classe?

É importante salientar que as normas de etiqueta à mesa são as mesmas, independente do estilo de recepção que você irá realizar. O que irá interferir na composição da mesa será o cardápio oferecido. Talheres, pratos e copos sempre estarão dispostos à mesa de acordo com o cardápio que você preparou.

Podemos resumir a recepção em dois tipos:

- Formal: serviço à francesa e à inglesa.

- Informal: serviço à americana e à brasileira. Para que não tenhamos dúvida na hora da recepção, vamos detalhar cada um desses serviços.

Serviço à francesa

É considerado o serviço mais requintado e cerimonioso dentre os demais, devendo ser adotado somente em eventos de gala, como casamentos, bodas ou ao receber diplomatas ou altos executivos de empresas. No serviço à francesa, os lugares à mesa são marcados utilizando-se o *placement*, espécie de porta-cartões com o nome do convidado. Ele deverá ficar à frente do local onde essa pessoa irá sentar-se.

Para que o evento transcorra a contento, o menu a ser servido deverá estar baseado no motivo da festa ou de acordo com o gosto pessoal do anfitrião ou do homenageado. Será necessário, em média, um garçom para cada cinco convidados, pois os pratos vêm montados e decorados da cozinha, sempre na sequência: entrada, pratos quentes, acompanhamentos e sobremesas.

Como é muito utilizado em restaurantes requintados, navios de luxo, embaixadas e consulados estrangeiros, o serviço deve ser desenvolvido com qualidade, estilo e elegância. O fiel cumprimento das regras fundamentais do serviço é imprescindível para garantir a elegância e o refinamento do evento. Veja abaixo os passos que você deverá seguir para executar um almoço ou jantar memorável.

É importante que as bebidas circulem do início ao fim do evento. Durante o jantar, segue-se uma sequência: deverá ser servido primeiro a água e depois os vinhos, sempre de acordo com os pratos. O champanhe deverá ser reservado para a sobremesa ou para os brindes, se houver. O licor ou conhaque, por serem bebidas digestivas, deverão ser servidos após o café.

Existe também uma sequência que deve ser respeitada na **arrumação da mesa**. Em cada lugar deve ser colocado um prato raso sobre um sousplat, respeitando-se a distância de 60 centímetros de um prato ao outro, bem como um guardanapo sobre o prato ou à esquerda do mesmo. Coloque à direita do prato, de dentro para fora, uma faca para carne, uma para peixe e, se o cardápio pedir, acrescente uma colher de sopa. À esquerda do prato, de dentro para fora, disponha um garfo para carne e outro para peixe. Acima do prato coloque, no sentido horizontal, uma faca de sobremesa, um garfo de sobremesa e depois a colher de sobremesa.

A faca e a colher devem ficar com os cabos voltados para o lado direito e o garfo com o cabo voltado para o lado esquerdo.

O copo para o vinho tinto deverá ficar na direção da ponta da faca de carne, ficando à esquerda o copo para água e à direita o copo para vinho branco. A taça para o champanhe ficará posicionada atrás, entre os copos para água e vinho tinto.

No estilo à francesa, os pratos vêm montados e decorados da cozinha, sendo servidos por garçons ou copeiros que devem estar impecavelmente vestidos, ter excelente postura e conhecer a fundo as regras de bem servir.

O garçom deverá ficar à esquerda de cada convidado. A primeira pessoa a ser servida é a senhora que está à direita do anfitrião ou anfitriã e, em seguida, todas as mulheres. Depois deve ser feita a mesma coisa com os homens, iniciando com o convidado de honra, dando a volta à mesa e servindo por último o anfitrião. Lembrando que deve-se esperar todos se servirem para começar a comer.

O garçom deve retirar o prato pela esquerda do convidado e, caso seja necessário, colocar um prato limpo pela direita. As bebidas são servidas pela direita e as garrafas não ficam sobre a mesa. O garçom deve sempre manter os copos abastecidos. Antes de servir a sobremesa, o garçom deve limpar a mesa retirando tudo, até mesmo o sousplat, deixando apenas os copos.

Serviço à inglesa

No serviço à inglesa direto, os convidados não precisam pegar os talheres para se servirem do prato principal, pois tal função é desempenhada pelo garçom. Nesse tipo de serviço, o alimento é levado à mesa em travessas e apresentado pelo garçom, sempre pelo lado esquerdo do comensal, visando, além de mostrar o trabalho do cozinheiro, confirmar se o produto final apresentado é o mesmo que consta do cardápio. A mise-en-place (arrumação da mesa) do serviço à inglesa direto é montada de acordo com o cardápio, que determinará tipos de pratos, copos e talheres.

Por ser um serviço onde os convidados estão sentados, o garçom deve demonstrar destreza e conhecimento da profissão para não criar problemas durante o seu trabalho. Ele servirá diretamente o comensal, utilizando garfo e colher em forma de alicate, buscando distribuir com equilíbrio os componentes do prato, criando uma harmonia entre as guarnições e o alimento básico, colocado no centro do prato.

No serviço à inglesa indireto, a refeição é servida com o auxílio de um carrinho auxiliar, conhecido como guérridon, que fica localizado em uma das laterais da mesa. Nesse tipo de serviço, deve ser grande a experiência do garçom, pois cabe a ele a função de destrinchar as peças e posicioná-las para montagem dos pratos antes de servi-los. Em alguns restaurantes, o garçom conta com o serviço de um garçom auxiliar, o comin. O prato principal fica em travessas sobre a mesinha auxiliar (guérridon) e ao lado da mesa do comensal, onde é confeccionado o prato, atendendo às exigências do mesmo. Eventos mais formais exigem dois garçons: um prepara o prato e o outro o transporta. Em restaurantes menos formais, este serviço é feito apenas por um garçom.

Em almoços e jantares informais, o garçom deverá servir primeiro as senhoras e, em seguida, os homens. Havendo crianças, elas podem ter preferência no atendimento para que fiquem melhor acomodadas. Já nos eventos formais ou protocolares, o serviço deve ser desenvolvido de acordo com a hierarquia da mesa, sem distinção entre homens e mulheres.

Serviço à americana

É um tipo de serviço com as mesmas características dos serviços à inglesa, direto ou empratado, quando o prato é servido já montado, pronto para ser consumido. Nesse serviço fica evidente o toque final do chef, variando de acordo com o estilo ou conhecimento individual por parte do profissional. Sendo servido pronto para o consumo, o prato deve ser montado com uma harmonia de cores, texturas e sabores que deverão agradar ao comensal, independente do paladar da comida, que será degustada posteriormente. Como vimos anteriormente, o pão e os pratos já montados deverão ser servidos pelo lado esquerdo e retirados pelo lado direito do comensal. As bebidas e a sobremesa deverão ser servidas e retiradas pelo lado direito do convidado. Não é simples?

Serviço franco-americano: o buffet

Atualmente, esse tipo de serviço, pela sua forma simples e prática, é bastante utilizado nos restaurantes e hotéis do mundo todo. Ao receber nossos convidados em casa, adotar esse tipo de serviço nos parece uma opção inteligente dado a sua praticidade, ou seja, os pratos e talheres devem ser empilhados em um dos lados da mesa, enquanto do outro lado devem ser colocadas as travessas e seus respectivos talheres. Para dar um equilíbrio, um arranjo no centro completa a harmonia da mesa. Chegaram mais convidados e o número previsto foi ultrapassado? Não se apavore, utilize uma mesinha auxiliar ou buffet da sala para colocar os pratos.

Para que não fique parecendo uma escultura de louça ou porcelana, divida os pratos em duas pilhas, incluindo os pratinhos de sobremesa.

Este tipo de serviço, por ser bem prático, é utilizado em eventos com grande número de pessoas, pois permitem que todos se sirvam a vontade e possui a praticidade na reposição das travessas com os pratos oferecidos.

Serviço à brasileira

Sendo o brasileiro um povo bem descontraído, nada mais justo que o serviço à brasileira também tenha essa descontração. Ele é o serviço que adotamos quando realizamos almoços ou jantares familiares em nossas casas. Não é porque estamos no âmbito familiar que vamos fazer tudo amadoristicamente. Muito pelo contrário, a mesa deve ser arrumada com carinho e elegância e, por serem pessoas de nossa intimidade, o capricho deve ser maior na distribuição das pessoas nos lugares à mesa. Como estamos em família, nada de garçom. O anfitrião pode servir a todos ou usar o aparador, deixando que os convidados se sirvam à vontade. Sempre que necessário, a comida deve ser reposta nas travessas, dando um tom bem familiar.

Hierarquia à Mesa

Aconteceu comigo

Ao participar de um estágio de capacitação em Administração Hoteleira, ministrado em uma das principais escolas de hotelaria de Madrid, eu e alguns participantes fomos convidados para um almoço onde os alunos do curso de hotelaria iriam demonstrar suas competências para o exercício da nova profissão.

Fomos primeiro para um coquetel servido na antessala e, logo após, conduzidos para o almoço, no salão principal. O grupo, composto de pessoas de diversas nacionalidades, estava descontraído e, dentro do possível, havia uma integração inclusive de idiomas. O almoço seria servido para aproximadamente vinte pessoas, dentre elas o diretor da escola e outros diretores de instituições presentes. Como o papo estava bom, pequenos grupos foram formados e, como não houve nenhum tipo de comunicação prévia, cada grupo acomodou-se aleatoriamente.

Por não ter tanta importância na hierarquia, nos colocamos no centro, já que a presidência ocuparia a cabeceira da mesa. Já sentados, fomos convidados a fazer uma troca de lugar com outro grupo: o dos diretores.

Isso ocorreu pois, de acordo com a distribuição à francesa, a parte nobre fica localizada no centro da mesa e deve ser ocupada pelos comensais mais importantes do grupo. Após vários pedidos de desculpas, fomos acomodados perto da cabeceira e pudemos, enfim, desfrutar das delícias da culinária espanhola. Olé!

Fiz questão de fazer essa narrativa para alertar aos comensais para que tomem cuidado ao sentar-se à mesa. Se não houver indicação, aguarde instruções ou consulte o cerimonial sobre o local adequado. Para que o leitor não passe pelo que passei, vamos detalhar abaixo como deve ser feita a distribuição correta dos convidados de um almoço ou jantar formal, respeitando-se o tipo de serviço a ser utilizado.

Para que fique bem claro para o leitor, vamos ver a definição de **hierarquia**. Segundo o dicionário Aurélio, a palavra hierarquia, um substantivo feminino, significa: "Ordem e subordinação dos poderes, categorias, patentes e dignidades: a hierarquia eclesiástica. / *Qualquer classificação que tenha como base as relações entre superiores e dependentes. / Qualquer classificação por ordem: hierarquia de valores*".

Com base nessa classificação é que devemos distribuir os lugares nas mesas mais formais. Mesmo com o passar do tempo e com a evolução das sociedades, ainda hoje se respeita os locais à mesa rigorosamente, considerando a importância social dos convidados. Essa distribuição deve ser sempre respeitada, independente de tipo de serviço.

Esclarecendo os dois tipos de distribuição dos convidados

Nos serviços à francesa, o convidado de mais alto grau deve ocupar o centro da mesa, sendo os outros lugares ocupados pelas pessoas de menor importância naquele grupo de convidados. Nesse tipo de serviço, a hierarquia é **decrescente**, do meio para as pontas. As cabeceiras da mesa ficam vazias, não sendo ocupadas por nenhum convidado. Segundo alguns profissionais do ramo, essa distribuição permite que os convidados mais importantes fiquem mais próximos, facilitando o diálogo durante a refeição.

Nos serviços à inglesa, a distribuição é bem diferente. A presidência da mesa está nas cabeceiras, fazendo com que a hierarquia seja **crescente**, ou seja, do meio para as pontas da mesa.

Na maioria dos casos, a presidência da mesa é ocupada pelo casal anfitrião, que terá o livre arbítrio na distribuição dos lugares, podendo optar pelo grau de parentesco, idade ou a importância que for dada aos demais convidados. Para que haja certa harmonia, os homens devem ser colocados alternadamente com as mulheres, trazendo um equilíbrio para o ambiente.

Nos jantares mais formais, os nomes dos convidados deverão estar escritos nos marcadores de lugar, colocados à frente dos pratos, nos locais designados para eles na mesa. Nesse tipo de evento, os convidados são encaminhados a seus lugares por pessoas encarregadas para tal. Na ausência de um profissional, até mesmo os filhos mais velhos do anfitrião poderão desempenhar esse nobre papel.

Caso os anfitriões queiram homenagear alguém com um almoço ou jantar, a presidência da mesa será dada ao casal convidado, devendo o casal anfitrião ocupar o segundo lugar na hierarquia da mesa, logo a seguir ao da presidência. Pode parecer complicado, mas veja a figura abaixo e verá que não é tão difícil assim.

Como Servir à Mesa

Mesa à francesa

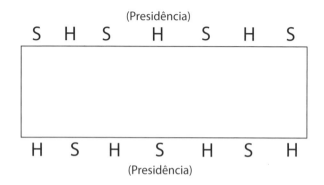

Mesa à inglesa

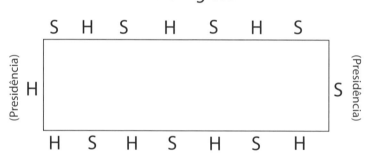

S — Senhora
H — Homem

Sempre que participo, como aluno ou docente, de treinamentos na área de hotelaria, ouço que servir à mesa é uma arte, devendo funcionar como uma coreografia de balé. Sua execução deve ser perfeita como uma afinada orquestra.

Assim como o balé possui figurinos e posturas apropriadas, quem for servir à mesa também deve seguir uma coreografia própria: ter postura adequada, manter o corpo ereto, sem se curvar sobre os convidados e seguir rigorosamente os passos que cada serviço exige, não esquecendo a hierarquia da mesa: ao iniciar o serviço, a primeira pessoa a ser servida será a convidada de honra e, logo em seguida, seu marido, sentado ao seu lado, em ordem decrescente.

Importante: O lugar de honra é à **direita da anfitriã**, quando o convidado for um **homem**. Quando tratar-se de uma **convidada de honra**, seu lugar será à **direita do anfitrião**.

O cenário deverá estar perfeito, ou seja, o *mise en place*, a mesa e a toalha deverão estar impecáveis, assim como os pratos e talheres que serão utilizados.

Figurino e cenário arrumados, vamos à coreografia: iniciando-se a "dança", a entrada é a primeira a ser servida. Se a escolha for uma entrada quente, as opções são sopa ou consommé, a primeira servida em prato fundo e a segunda em vasilha apropriada, podendo vir na porção certa, pronta para o consumo. Caso se opte por entrada fria, ela pode estar em pratos e ser colocada à mesa antes dos convidados se acomodarem. Porém, sendo a entrada quente ou fria, não esqueça: ela deve ser servida sempre pelo lado esquerdo, após todos os convidados estarem devidamente sentados.

Ao prosseguir com o serviço, os pratos quentes devem ser servidos sempre pelo lado esquerdo do convidado, sendo que no serviço à francesa o próprio convidado se serve. Na substituição dos pratos, devemos utilizar o lado esquerdo do convidado para retirar os sujos e o direito para colocar os limpos. Para evitar pilhas e facilitar o transporte, retirar primeiro os pratos e depois os copos. As bebidas devem ser servidas pelo lado direito dos convidados, de acordo com os pratos do menu. E atenção: nunca encha totalmente os copos ou taças. Utilize, no máximo, dois terços de sua capacidade.

Terminada a refeição, o café ou licor poderá ser servido à mesa ou em local apropriado, como a sala de estar ou outro cômodo designado para tal fim.

Comidas Exóticas: Armadilhas à Mesa

Quando nos sentamos à mesa para qualquer tipo de refeição, nem sempre temos à nossa disposição os utensílios específicos para comer os alimentos oferecidos. É o caso da pinça para fixar a concha do escargot ou o garfinho para ostra. Daí a necessidade de conhecermos a melhor forma de lidar com a situação para poder adotar atitudes mais flexíveis. Muitas vezes, a etiqueta recomenda comer com as mãos, o que torna natural usar a lavanda para lavar os dedos e o guardanapo para enxugá-los após a degustação. Nas refeições de negócios, evite pedir pratos difíceis de comer, eles desviam a atenção do assunto a ser tratado. Caso não seja possível, siga algumas regras abaixo e bom apetite!

Alcachofra

Você foi convidado para um jantar e serviram alcachofra. *Que coisa estranha*, pensou! *Como vou comer isso? Se recusar, vou parecer um cara bronco. O que fazer?* Se você nunca comeu uma alcachofra e não tem ideia de por onde começar, fique calmo que vamos dar as dicas.

As folhas não devem ser comidas por inteiro, pois suas fibras duras poderão fazer um estrago em sua boca e também no seu estômago. Arranque as folhas, uma a uma, e mergulhe no molho que acompanha. Morda levemente a folha, de cima para baixo, para sorver a parte macia e o molho. O restante da folha, a parte mais dura, deixe no prato apropriado para tal fim. Quando chegar a parte do fundo da alcachofra, afaste a pelagem com o garfo e a faca e saboreie o coração, a melhor parte da alcachofra.

Quando preparada e degustada de modo correto, a alcachofra pode ser uma adição deliciosa, saudável e incomum a qualquer refeição. Normalmente, em restaurantes mais formais, só os corações são servidos. Lavandas acompanham este prato.

Escargot

Os escargots são pequenos moluscos terrestres, herbívoros, que ficam escondidos dentro de um caracol. Sua aparência, aos iniciantes, não é nada agradável, assim como o fato de ter que ser retirado de dentro da concha para ser degustado. Sua carne é tenra e, em minha opinião, de gosto semelhante a um camarão. Enquanto sua aparência não é a das melhores, seu gosto é muito bom. Normalmente, são servidos cozidos dentro da concha e com molho de ervas. Vale a pena experimentar!

Escargots são comidos com talheres especiais: uma pinça para segurar a concha e um garfinho para retirar o escargot. Você deve segurar a concha com a pinça na mão esquerda e retirar o molusco utilizando a mão direita. Se desejar, pode sorver o molho que fica dentro de cada concha, pousando-a no prato. Repita a operação até a última concha. É recomendável que treine antes em casa.

Ostra

Conta a lenda que Giacomo Casanova, considerado por muitos como o amante mais famoso do mundo, considerava as ostras como *"um estímulo para o espírito e para o amor"*. Ele comia rotineiramente inúmeras ostras em uma única refeição, colocando-as nos lábios e no corpo de suas amantes, para depois saborear uma por uma. As ostras, é claro!

Nos dias atuais, o procedimento é bem diferente. Quando servidas dentro da concha, sobre uma camada de gelo, deverão ser abertas com as mãos, temperadas com sal e limão e comidas com um garfo especial. Sendo servidas fora da concha, deverão ser comidas utilizando talheres para peixe. Após retirar e comer a ostra, não se esqueça de sorver, na própria concha, o líquido ali concentrado. Se você quiser impressionar alguém, sirva um champanhe bem gelado para acompanhar essa iguaria. Utilize a lavanda para lavar os dedos. *Não seja personagem daquela piada na qual, ao invés de lavar os dedos, a pessoa bebe a lavanda e reclama do gosto de flores.* Imagine a situação!

Mexilhão

Assim como as ostras, os mexilhões também estão na lista dos alimentos afrodisíacos pois, segundo experts no assunto, seu alto teor de zinco colabora para o aumento da testosterona. Pelo jeito, deveria ser também uma das preferências gastronômicas de Casanova. Vamos ver como deve ser saboreado esse Viagra dos mares.

Diante de um prato repleto de mexilhões, devemos pegá-los, preferencialmente, com a mão esquerda e, usando uma pequena faca na outra mão, abrir a conchinha e retirar o mexilhão com um garfo apropriado. Se estiver em um evento bem informal, poderá ser utilizada a concha superior, por ser cortante. Não se esqueça de usar a lavanda para lavar os dedos. Podem ser servidos sem a casca, em forma de saladas ou em risotos. Nesse caso, devem ser comidos com garfo e faca normais.

Lagosta

Assim como as ostras e os mexilhões, a lagosta e o caranguejo estão na lista das comidas consideradas afrodisíacas. Isso pode ser motivo de alegria, mas comer esse crustáceo não é tarefa das mais fáceis, a não ser que venha sem a casca, modo em que é normalmente encontrada em restaurantes mais formais. Quando servida aberta, com a carapaça cortada ao meio no sentido horizontal, é preciso pegar pequenas porções, colocá-las em seu prato e degustar utilizando garfo e faca apropriados. Se ela for servida inteira, com carapaça, sua degustação vai requerer um pouco mais de trabalho.

Para iniciar, você deve ter em mãos um garfo apropriado e um alicate, quase igual aquele utilizado para quebrar nozes. Devemos pegar a lagosta com as mãos e destacar suas articulações, utilizando o alicate, se necessário. Ainda utilizando o alicate, quebrar a carapaça dos tentáculos e das patas e, com auxílio do garfo, retirar e comer a carne que se encontra no interior da carapaça.

Utilize as mãos para partir o crustáceo ao meio para facilitar a degustação. Utilize o garfo e a faca para retirar e comer a carne do corpo da lagosta. Cuidado com as partes mais escuras, elas não devem ser comidas. Se quando for comer as patinhas você não conseguir retirar toda a carne, coloque na boca e sugue a carne "escondida", silenciosamente. Não se esqueça de utilizar a lavanda para lavar os dedos.

Siri e caranguejo

Assim como a lagosta, o siri e o caranguejo pertencem a um grupo maior de crustáceos, os decápodes, razão de suas semelhanças, inclusive no modo de ser degustado. Utilizando-se um alicate ou um pequeno martelo, devemos quebrar a carapaça e, com um garfo apropriado, retirar a carne localizada debaixo da casca. Acrescentar o molho de sua preferência e degustá-lo.

Com as mãos, destaque as articulações das patas e proceda da mesma forma para saborear a carne. Caso fique alguma carne "escondida" nas patinhas, sugue silenciosamente até conseguir que a mesma se descole da casca. Pode ser servido em diversos tipos de pratos, inclusive na famosa moqueca de siri mole, preparada por Dona Flor no filme *Dona flor e seus dois maridos*. A cena foi tão bem feita que senti o aroma da moqueca vendo o filme. Inexplicável. Quando estive em Salvador, fui provar esse tipo de moqueca em um restaurante no Pelourinho. Quando vi os siris com casca e tudo, não tive coragem de comê-los. Sou "zoado" até hoje.

Caviar

Por ser uma comida relativamente exótica e cara, o caviar não está ao alcance de todo mundo. Feito com as ovas do esturjão, um peixe de águas muito frias, principalmente da Rússia e do Irã, tem cor avermelhada ou escura e um gosto característico, nem sempre admirado pelos comensais. É servido sempre gelado e degustado em pequenas porções, colocadas com a faca ou colherinha sobre torradinhas. Normalmente, sua degustação é acompanhada de champanhe ou vodka.

Brochete

Segure com a mão esquerda a parte de cima do espeto e com a mão direita, utilizando um garfo, retire os pedaços, colocando-os no prato. Depois, proceda normalmente.

Aconteceu comigo

O alérgico de última hora

Fui convidado para ministrar um curso em Florianópolis, que é a cidade em que se consome um dos melhores camarões do país. Um dos participantes, que se proclamou o maior fã de camarão do grupo, propôs que fôssemos, no jantar de encerramento, degustar a iguaria em um renomado restaurante local. Chegada a grande noite, todos estavam a postos. O restaurante era maravilhoso, com a brisa do mar batendo, um bom vinho na mesa e camarão à vontade. Nesse clima de camaradagem, comecei a notar certo desconforto do nosso colega que, volta e meia, conversava com o garçom. Minha curiosidade aumentava à medida que o tempo passava.

Ao final do jantar, retornando ao hotel, tomei coragem e perguntei se ele havia comido muito camarão e frutos do mar. Como resposta, recebi um triste não. "Sou alérgico", disse ele.

Não insisti, mas aquilo me deixou mais curioso ainda. Se ele mesmo se proclamou o maior apreciador de camarões e frutos do mar e agora se diz alérgico, tem algo de errado no ar.

No aeroporto, mais descontraído, perguntei o que havia acontecido e pedi sinceridade, pois aquilo não seria divulgado aos demais membros do grupo. Sua resposta me surpreendeu. Disse ele: professor, estou acostumado a comer camarão e frutos do mar com as mãos. Quando colocaram garfo e faca, entrei em pânico, pois não sei usá-los adequadamente. Para não ficar constrangido, disse a todos que era alérgico. Todos perceberam, mas ninguém comentou nada. Eu acho! Que oportunidade perdida, por desconhecer certas regras à mesa.

Outros Tipos de Alimentos: Dicas Importantes

Quando somos convidados a participar de um almoço, jantar ou até mesmo de um descontraído papo com amigos ou clientes, algumas regras de boas maneiras devem ser seguidas para que possamos saborear com elegância as iguarias que nos forem oferecidas durante o evento. Para facilitar sua vida, caro leitor, preparei uma série de dicas que, se seguidas corretamente, farão com que você tenha sucesso em qualquer tipo de evento.

Macarrão e massas

Se você faz parte dos amantes do macarrão e das massas, com certeza deve saber tudo a respeito. Porém, se tiver alguma dúvida, a leitura abaixo é mais que recomendável, pois não pretendemos torná-lo um especialista no assunto, mas sim dar-lhe informações úteis para que possa desfrutar ainda mais do prazer de comer uma deliciosa massa. Bom apetite!

Existem mais de trinta formatos de macarrão, dentre os tipos sêmola, comum, caseiro e grano duro. É apresentado para consumo na forma de massa alimentícia integral (o macarrão integral), massa fresca (aquela feita em casa ou comprada nos supermercados) e massa alimentícia instantânea (o famoso miojo). Ao degustar espaguetes, fettuccines e talharins, deixe a faca de lado e só use o garfo que, nesse caso, estará na sua mão direita. Enrole uma pequena quantidade no garfo e leve à boca. Caso você seja canhoto, use o garfo com a mão esquerda. Porém, se feito com elegância, tanto faz utilizar a mão direita ou esquerda.

Aquele molho especial

Particularmente, considero o molho a melhor parte do macarrão. É ele que dá um colorido e um sabor especial a qualquer tipo de massa. Em alguns restaurantes, ao servirem massas que necessitam ser enroladas, é fornecida uma colher para auxiliar na degustação. É a conhecida colher do gourmet, que serve para ajudar a enrolar o macarrão no garfo. Além disso, ela poderá ser usada para sorver o molho, ou seja, é peça importante para honrar o molho no final da refeição. Outras massas que não necessitem ser enroladas deverão ser comidas normalmente.

Alguns chefs mais exigentes não toleram que se corte a massa com a faca, tampouco aceitam o uso da colher em sua degustação. Como estamos em uma democracia, analise a situação, use o bom senso e decida se vai ou não usar a famosa colher do gourmet. Quando possível, procure saborear os molhos. Por mais diferentes que sejam, normalmente são extraordinários. Experimente e verá!

Pão

Quando você for se servir do couvert, não corte o pão com a faca, pois ela deve ser utilizada apenas para passar a manteiga ou o patê. O pão do couvert é sempre partido com os dedos. Se estiver em um evento descontraído e quiser honrar o molho, não se acanhe. Pegue um pedaço pequeno do pão, fixe no garfo, passe no molho e bom apetite. Em almoços e jantares mais formais, porém, essa prática não é bem aceita. Cuidado!

Patê

De acordo com o evento, o patê é apresentado em fatias ou em vasilhas apropriadas. Deve ser comido em pequenas porções, passadas com a faca sobre pedaços pequenos de pão. Pode, também, ser degustado com garfo, sempre acompanhado de pão. Normalmente, as bebidas que o acompanham são vinho e champanhe. O tipo da bebida deve combinar com o tipo do patê, ou seja, patês suaves pedem vinho branco ou champanhe, enquanto um patê mais encorpado requer um vinho tinto.

Frango

Qualquer parte do frango deve ser comida utilizando garfo e faca. Mesmo que esteja em um almoço ou churrasco descontraído, procure não utilizar diretamente as mãos para saborear um franguinho. Se realmente o evento for bem informal e você resolver atacar o "penoso", por uma questão de higiene, pegue a coxinha ou a asa utilizando um guardanapo de papel. Não se esqueça de lavar as mãos — ninguém merece apertar uma mão engordurada.

Fondue

Para uma reunião com um número pequeno de convidados, o fondue pode ser uma ótima opção, pois é um tipo de serviço bem informal onde todos podem servir-se do recipiente colocado sobre o réchaud (aquele fogareiro que fica em baixo da panela), normalmente colocado no centro da mesa. O fondue pode ser de queijo, carne, frango, chocolate ou até frutos do mar, tudo depende da criatividade do anfitrião.

Para saborear os diversos tipos de fondue, normalmente é utilizado um garfo com cabo longo e cores ou formatos diferentes para que cada pessoa identifique o de seu uso. Esses garfinhos não devem ser levados à boca. Para facilitar a degustação, pratinhos com garfo e faca devem ser colocados sobre a mesa, à frente de cada convidado.

A maneira de saborear o fondue é bem simples:

Queijo: pegue o garfo com o cabo longo. Espete um pequeno pedaço de pão e mergulhe na panela com o queijo. O pão e o queijo devem ser colocados no prato e degustados utilizando os talheres. Como bebida para acompanhar, o vinho branco é uma ótima opção.

Carne e frango: o processo é o mesmo. No interior da panela, ao invés do queijo, é colocado óleo na temperatura adequada para fritar a carne ou o frango. Coloca-se pequenos pedaços da carne escolhida no garfo, deixando dentro da panela até que a fritura fique a gosto. Retire e coloque a carne frita no pratinho, onde será saboreada, acompanhada de pão ou molhos do agrado do comensal. O vinho tinto pode ser uma boa pedida.

Chocolate: mais uma vez, o procedimento é o mesmo. Porém, nesse caso, frutas são mergulhadas na panela com chocolate e degustadas nos pratinhos, utilizando-se garfo e faca.

Queijos

Quando estiver participando de um evento de queijos e vinhos ou quando o queijo for servido para degustação, manda a boa educação que se use uma pequena faca para cortar pedaços também pequenos do queijo preferido, colocando-os sobre pedaços de pão, torradas ou biscoitos e levados à boca com a mão. A degustação do seu queijo preferido deve ser acompanhada, sempre que possível, de um vinho adequado.

Saladas

Uma regra antiga diz que devemos dobrar as folhas com a ajuda da faca, nunca cortá-las. Esse procedimento servia para preservar os faqueiros, que ficavam danificados pelos molhos muito ácidos. Em outras épocas, as folhas não vinham inteiras, somente rasgadas, sem os talos, o que tornava essa operação bem mais simples. Hoje em dia, diante de uma folha de bom tamanho, nada melhor do que cortá-la.

Outros tipos de alimentos que se encontram em saladas são:

- Aspargo: quando servido fresco ou em conservas, deverá ser consumido com garfo e faca. A parte nobre do aspargo é a mais tenra, sendo que a parte fibrosa deverá ser descartada. Em situações mais informais, poderá ser degustado com as mãos. Nesse caso, não se esqueça de lavar os dedos com lavanda.

- Azeitona: se forem servidas sem caroço, deve-se utilizar o garfo para consumi-la. Caso sejam servidas com caroço, é preciso pegar a azeitona com o garfo, sem espetar, e levar à boca. Pode-se, também, colocar o caroço sobre o garfo e descartá-lo no prato ou em um prato apropriado para tal fim. Outra opção é pegar o caroço com a mão, em concha, e colocá-lo no pratinho ou em um guardanapo. O processo é o mesmo para azeitonas servidas como aperitivos, espetadas em palitos ou sticks.

- Milho: pode ser utilizado na preparação de diversos pratos. O mais apreciado é o cozido ou assado na espiga, que deve ser consumido com as mãos, segurando-o pelas extremidades, utilizando o polegar e o indicador para segurar o sabugo. Em alguns casos, são utilizados palitos ou estiletes de plástico, que substituem o uso dos dedos.

Frutas frescas

Em um país de clima tropical como o Brasil, as frutas tem sempre posição de destaque nos cardápios quando servidas frescas, em forma de saladas ou acompanhando crepes. De acordo com a criatividade do cheff, os pratos ou as travessas transparentes com as frutas podem se tornar verdadeiras obras de arte, se cortadas em pequenos cubos e colocadas sobre gelo moído. Com exceção das **uvas, jabuticabas** e **cerejas,** que devem ser comidas com as mãos, garfos e facas serão utilizados para a degustação dos outros tipos de frutas.

Se forem servidas na forma de aperitivo, deverão ser consumidas com auxílio de um garfinho, sendo o palito uma opção deselegante. Após comer utilizando as mãos, use a lavanda e o guardanapo para lavar e enxugar os dedos. O **abacaxi** é servido à mesa descascado, devendo ser degustado em pedaços, utilizando garfo e faca. Alguns comensais comem o miolo rígido, outros descartam essa parte da fruta. Já em relação ao **abacate,** quando for servido com casca, adotar o seguinte procedimento: utilizando garfo e faca, parta a fruta ao meio, tirando o caroço. Sobre a polpa da fruta, coloque açúcar, sorvete, licor ou o acompanhamento de sua preferência e faça a degustação utilizando os talheres. Esse também é o procedimento para a **banana** quando servida com casca, pois deve-se fixá-la no prato, utilizando o garfo, cortar as duas extremidades com a faca e abrir a casca no sentido longitudinal, descascando a fruta com auxílio do garfo e da faca. Cortar em pequenas rodelas que serão consumidas com auxílio do garfo. Comer banana com as mãos não é elegante mas, dependendo da ocasião, você é quem decide!

Normalmente, a **laranja** é servida já descascada. Caso isso não ocorra, coloque-a no centro do prato e, fixando com o garfo retire, com auxílio da faca, as duas tampas da fruta. Feito isso, comece descascando, de cima para baixo. Corte e deguste a fruta em pequenos pedaços, utilizando garfo e faca. O procedimento para degustar frutas como **maçã** e **pera** é bem simples: com auxílio do garfo, fixar a fruta no meio do prato e com a faca cortá-la em quatro partes, de cima para baixo. Descascar ou não a fruta vai de acordo com o gosto do comensal. Feito isso, cortar em pedaços pequenos e degustar.

Se estiver em ambiente descontraído ou informal, nada de mal em comer as frutas com as mãos. A **manga** também deve ser descascada com auxílio de garfo e faca. Os **morangos** são consumidos usando-se garfo e colher pois, normalmente, a fruta é servida com chantilly ou açúcar e a colher é imprescindível para saborear toda a sobremesa.

Gafes Imperdoáveis à Mesa

De agora em diante você, leitor, não tem mais nenhum tipo de desculpa para cometer gafes à mesa. Mesmo assim, vamos resumir algumas das maiores e imperdoáveis, que não devem ser cometidas na mesa de refeição.

É o maior mico:

- Sentar-se à mesa de refeição sem ter sido convidado ou sem camisa;
- Colocar os cotovelos em cima da mesa;
- Abrir os cotovelos como asa;
- Usar palito;
- Não usar o guardanapo antes de beber, deixando marcas da boca na borda do copo ou da taça;
- Gesticular com os talheres;
- Falar de boca cheia;

- Levar a faca à boca;
- Recusar os vinhos. Sendo abstêmio, agradeça e avise a quem estiver servindo;
- Oferecer álcool e carne de porco a pessoas de religiões que possuem o hábito de evitar tais substâncias;
- Colocar a mão sobre o copo para dizer que não quer mais;
- Servir-se de grande quantidade de comida;
- Cortar toda a carne ou o peixe de uma só vez;
- Pousar a taça na mesa, após o brinde, sem antes beber um pouco;
- Deixar a colher dentro da taça de sorvete ou dentro da xícara de café. O lugar dessas colheres é no pires;
- Fazer ruído com a boca, principalmente ao tomar sopa;
- Levar o corpo à comida, inclinando-se sobre o prato;
- Devolver sementes ao garfo ou diretamente sobre o prato, sem fazer anteparo com as mãos;
- Colocar sal ou pimenta antes de provar a comida;
- Pendurar o guardanapo no colarinho;
- Arrotar. Só é fino no mundo árabe ou oriental. Mesmo assim, tenha cuidado!

CAPÍTULO 7

ETIQUETA EMPRESARIAL: CONVIVENDO NA CORTE

Como Presentear e Ser Presenteado

Eis um tema que merece ser bem analisado para não causar qualquer tipo de constrangimento e confundido com práticas criminosas e que lesarão as empresas. No trato entre profissionais, há duas circunstâncias que admitem presentes: a **formal**, em função de datas especiais, e a **informal**, trocados entre colegas, chefes e assessores ou entre a empresa e seus clientes.

Para evitar mal-entendidos, as grandes empresas estão estipulando valores para que funcionários possam receber presentes de fornecedores e executivos possam presentear seus clientes. O valor adotado como referência no Ocidente é o padrão dos Estados Unidos: 25 dólares para jovens executivos, 50 dólares para os mais graduados e 100 dólares para os seniores.

A forma com que o presente é embalado diz muito sobre ele e sobre quem está oferecendo, devendo vir sempre acompanhado pelo cartão do executivo — nesse caso, sem o cargo, somente com o nome e a logomarca da empresa. Como se trata de caráter profissional, evite presentes engraçados, roupas e perfumes, lembrando que presentes em dinheiro são totalmente inadequados e deselegantes.

A atitude correta ao receber o presente é abrir na presença da pessoa, na mesma hora. Caso receba por portador, telefone imediatamente para agradecer. O chefe pode ser presenteado pela equipe quando conquistar uma promoção, um prêmio, se destacar em alguma conferência ou lançar um livro. Nesse caso, placas, discos, quadros, esculturas, DVDs e livros são os mais indicados, ou algo que ele colecione. É sempre bom participar de listas de presentes, porém, o presente deve vir acompanhado somente de um cartão dizendo que é dos colegas da empresa, sem nomear ninguém. É correto incluir na lista os nomes dos funcionários menos graduados do setor, mesmo que não participem do rateio. A empresa deve manter um arquivo atualizado com o nome das pessoas presenteadas, identificando o presente, para evitar repetições. Não deixe de enviar flores nas ocasiões importantes: jantares, festas de aniversário, promoções, nascimentos e bodas. Agradeça sempre.

Presentear funcionários que se casam, clientes e familiares é regra de bom tom. Consulte os itens enumerados nas listas, disponíveis nas lojas indicadas. Caso receba um presente e o mesmo for inadequado e tiver que ser recusado, isso só deve ser feito após agradecer e pedir desculpas por não poder aceitá-lo. No caso de falecimento de funcionário ou cliente, a empresa deve enviar uma coroa em nome da diretoria e dos colegas.

Uma mulher pode oferecer flores a um homem? Sim. A executiva, a diretora de uma empresa ou a mulher do presidente pode enviar flores a algum membro da equipe por alguma conquista relacionada com a organização ou com sua própria carreira. Porém, nunca em buquê, só em vasos.

Como Proceder em Comemorações Internas da Empresa

Aconteceu comigo

Eu trabalhava em uma grande empresa na capital paulista. Era de praxe, ao final do ano, o diretor presidente oferecer uma grande festa de confraternização para os colaboradores e familiares. O evento era feito no auditório da empresa, com cortinas revestindo as paredes e o chão forrado com carpete na cor caramelo. O local era muito elegante, decorado com esmero, som ao vivo, muita alegria, descontração e todos confraternizando com os membros da diretoria, que estavam em um tipo de camarote ao lado do palco. Estava parecendo uma grande família.

Vários garçons serviam canapés à vontade, refrigerante, cerveja, espumante e uísque. "Epa! Essas garrafas são para o camarote da diretoria", disse o garçom a um grupo de colaboradores que já estava com algumas doses a mais na cabeça. "Como é que é? Hoje é confraternização, todo mundo é igual e tem os mesmos direitos. Patrão e empregado estão no mesmo barco. Se não tiver uísque para todo mundo, não tem só para a diretoria", esbravejou o presidente da associação de servidores e membro do sindicato. "Sou da diretoria da associação e do sindicato, tenho os mesmos direitos, pois represento o restante dos funcionários". Para demonstrar poder, ele derrubou a bandeja do garçom com bebidas e salgados, formando-se um lamaçal de guaraná, coxinhas e empadas, manchando um pedaço do carpete caramelo.

Houve muita confusão, mas as arestas foram aparadas, o uísque retirado do cardápio, o pessoal da limpeza foi acionado e a festa voltou a rolar. Ao final, após a entrega do amigo oculto, o presidente, visivelmente constrangido, pegou o microfone e foi enfático: "Quero comunicar que esta foi nossa última festa de confraternização. O ano que se inicia será um ano que vocês jamais esquecerão".

O ano seguinte foi pautado por demissões, corte de benefícios e incentivos. Isso tudo por um pequeno grupo de colaboradores irresponsáveis.

Fiz questão de incluir esse relato nesse ponto do livro para deixar clara a importância de sabermos nos comportar educadamente nas comemorações internas da empresa. Trata-se de um grande palco, onde todos estão sendo assistidos e um pequeno erro individual pode trazer reflexos ao restante do grupo.

Algumas regras básicas de boa educação

O convite é a senha para o evento. Assim sendo, preste atenção ao seu teor. Se o convite for dirigido a um funcionário e sua mulher, deve mencionar "Fulano de Tal e Senhora". Se a convidada for uma executiva casada, é obrigatório enviar dois convites: um em nome dela e outro em nome do marido. Também é considerado correto pôr no envelope o nome dela seguido do dele. A esposa do diretor pode telefonar para as esposas dos demais executivos convidando para eventos menos formais. Quando uma secretária telefonar para convidar um executivo, não deve falar com o próprio, e sim com sua secretária, por questões de hierarquia.

Se você for convidado, ao chegar ao local do evento apresente o convite com o envelope contendo seu nome. Não leve parentes nem amigos se eles não forem convidados. Se o convite for para o casal e um dos cônjuges não puder ir, o fato deve ser comunicado em tempo hábil. Se você não puder comparecer, o correto é comunicar e enviar flores como forma de agradecimento. Quanto mais alto for o cargo, menos tempo essa pessoa deve permanecer no evento. Ao participarmos das festas e comemorações de fim de ano, devemos cuidar de nossa conduta, não extrapolar na bebida, na comida e nas atitudes. Caso isso aconteça com alguém, não comente nem lembre aos colegas sobre as gafes ou indiscrições cometidas na festa.

Se você for o anfitrião, não esqueça de que o convite deve sempre mencionar o traje, que precisa ser seguido à risca. O local da recepção deve ser adequado ao número de visitantes, com assentos em bom número e temperatura agradável. Festas ao ar livre devem ter toldos, pois a chuva é imprevisível. Se possível, ter à disposição outro local coberto, com a mesma disposição das mesas, para transferir o local sem grandes tumultos. A decoração deve ser equilibrada e agradável aos olhos. A música deve harmonizar com a atmosfera e permitir a conversa. Deve haver estacionamento próximo ou serviço de manobristas. Na hora da chegada, a primeira pessoa a cumprimentar o convidado é o anfitrião, que estará com sua mulher ao lado, em pé, na entrada do recinto.

Se os anfitriões optarem por se misturarem aos convidados, deverá haver sempre um executivo graduado recebendo os convidados na porta, durante os 40 minutos iniciais. O brinde é feito pelo mais graduado.

Como se apresentar e apresentar as pessoas

Pode parecer fácil, mas nas apresentações pessoais existem normas de etiqueta que devem ser cumpridas para não recebermos um diploma de mal-educado. No convívio social, um rótulo desses pode fechar portas importantes no futuro. Então vamos a algumas dessas regras de apresentação e notem que não são tão difíceis de serem seguidas.

No trato social, devemos lembrar sempre a figura do **menor para o maior**, ou seja, apresentar o menos importante ao mais importante, o mais jovem ao mais velho e, fugindo dessa regra, o homem deve ser apresentado à mulher. No trato profissional, utiliza-se também o critério da hierarquia, ou seja, a figura de **mais alta hierarquia** entre o cliente e o presidente é o **cliente**, devendo o segundo ser apresentado ao primeiro. As regras de apresentação devem ser sempre precedidas pelo bom senso. Não são raras as vezes em que temos que apresentar pessoas jovens com maior nível hierárquico a outras mais idosas. Nesse caso, o bom senso deve ser levado em conta, seguindo sempre a hierarquia acima.

Não é apropriado apresentar as pessoas dizendo: ex-presidente, ex--diretor, etc. Nesses casos, informe apenas os nomes, deixando de citar os cargos que já exerceram. Em uma circunstância social em que houver um idoso ou um clérigo, este terá a precedência.

A iniciativa de estender a mão é sempre do mais graduado, do que detém a precedência. Quando for apresentado a alguém, pergunte como a pessoa está. Ao final do encontro, diga que foi um prazer conhecê-lo. Encontrando alguém que conhecemos no passado, não devemos perguntar se a pessoa nos reconhece, devemos dizer o nosso nome e de onde nos lembramos dela. Os anfitriões não devem jamais esquecer o nome do convidado e do seu cônjuge. É obrigatório apresentá-los aos outros convidados, falando um pouco sobre o que fazem, para não deixá-los deslocados.

Formas de apresentação

A mulher apresentando: — Senhor Presidente, quero lhe apresentar Carlos Alberto, meu marido.

O homem apresentando: — Senhor Presidente, quero lhe apresentar Claudia Regina, minha mulher.

Apresentando a mulher ao amigo: — Cristina, este é Nelson Oliveira, meu amigo.

Um amigo se referindo a um casal: — Lá estão o Laerte e sua esposa.

Fazendo uma pergunta: — Laerte, como vai sua esposa?

Em nosso relacionamento profissional, ao apresentar uma pessoa com cargo abaixo de diretor, devemos citar primeiro o nome da pessoa e depois o cargo: — Dr. Gonçalves, gostaria de lhe apresentar Kátia Ribeiro, nossa gerente de marketing.

Os diretores e o presidente são apresentados dizendo-se primeiro o cargo e depois o nome: Dr. Daniel, (cliente) gostaria de aproveitar a oportunidade e lhe apresentar nosso presidente, Dr. Ricardo Caxias, e o nosso diretor de finanças, Dr. Antônio Martins.

Participando de Palestras, Conferências e Outros Eventos

Nesses tipos de eventos, devemos demonstrar nossa elegância com nossos pares pois, geralmente, estamos a trabalho, representando nossas empresas. Por isso, a atenção deve ser redobrada e qualquer deslize pode chegar ao conhecimento de nossos superiores, manchando nossa reputação perante os mesmos.

Chegue sempre no horário correto, pois se atrasar para eventos de auditório é sempre deselegante. Ao chegar ao local, faça sua identificação, retire o material a ser utilizado, procure alguém de seu relacionamento e aguarde o momento de entrar na sala do evento. Não ocupe um lugar aleatoriamente, pois existem regras e hierarquias que devem ser respeitadas. Geralmente, a primeira fila à esquerda é reservada aos convidados especiais, pois é um espaço considerado como prolongamento da mesa de honra. Só devemos nos sentar nesta fila se fizermos parte desse seleto grupo.

Existem comportamentos que, muitas vezes, passam despercebidos por quem os pratica, mas que incomodam as outras pessoas ao redor.

Alguns exemplos dessas atitudes são bater o pé ou o joelho insistentemente na poltrona da frente, incomodando quem está ao lado e na frente; dormir ou cochilar, porque é extremamente grosseiro; medir conhecimento com um palestrante durante a palestra e atender ao telefone celular durante um evento pois, além de falta de educação, é irritante. Caso tenha necessidade de mantê-lo ligado, coloque-o para vibrar. Assim, o barulho não incomodará ninguém. Em outras situações, desligue-o. Evite também conversas paralelas, mesmo que sejam em voz baixa. Caso esteja com algum problema de saúde, evite comparecer ao evento.

Consideram-se como boas práticas de educação aplaudir quando todos o fizerem — porém, de maneira moderada —, participar das dinâmicas e brincadeiras sem se isolar e voltar dos intervalos antes do recomeço da palestra.

Muito cuidado ao solicitar cópias dos slides projetados. Observe pela receptividade se o procedimento é adotado por aquele palestrante. Caso contrário, não insista, afinal, são frutos do trabalho dele.

Peculiaridades dos eventos protocolares e cerimônias oficiais

Os eventos oficiais, com a presença de autoridades do governo, forças armadas e membros do corpo diplomático, são regidos por normas protocolares. O protocolo oficial é regido pelo Decreto nº 70.274, de 9 de março de 1972, e estabelece as precedências e o tratamento que devem ser dispensados aos convidados para eventos no Distrito Federal, nos Estados e Municípios, em decorrência do título e da função exercida. Sempre que qualquer membro do poder público estiver presente em um evento, é importante consultar o protocolo oficial.

Nos atos inaugurais, jubileus, entrega de condecorações, descerramento de placas e abertura de feiras, realizados com todos de pé, os membros mais destacados e convidados de honra são colocados segundo a ordem de precedência, devendo os demais aguardar para serem posicionados pela organização do evento.

Até em um documento ou contrato existe o lugar de honra para assinatura. Este fica à direita do papel e quem assina é a pessoa mais importante. O lugar de honra em qualquer evento é o que fica à direita do anfitrião ou do executivo mais graduado. O segundo lugar de honra é o que fica à esquerda do anfitrião.

No aeroporto, quem desembarca primeiro em uma comitiva é a pessoa mais importante, sendo que, no embarque, ela é a última pessoa a entrar no avião. Em jatos particulares, os lugares virados para frente da aeronave e que possuem mesas são reservados aos executivos mais graduados. Os demais devem aguardar orientação sobre a poltrona em que deverão se sentar.

Em viagens de carro, o lugar de honra é à direita no banco de trás em relação ao motorista. Quem entra primeiro é o convidado, o anfitrião dá a volta por trás do carro e entra pela outra porta. Ao sair, quem desce primeiro é o anfitrião e, se o motorista não puder abrir a porta para o convidado, ele poderá fazê-lo. Nos carros tipo limusine, os menos graduados se sentarão nos lugares de costas para o fluxo. Se estiverem ocupados por executivos de maior hierarquia, os menos graduados serão acomodados no assento da frente com o motorista. Nesses carros, o convidado descerá primeiro, após o motorista abrir a porta. Em veículos guiados pelo próprio executivo, o lugar de honra é na frente, ao seu lado.

Na execução do Hino Nacional Brasileiro, a postura deve ser respeitosa e de pé. Antigamente, o hino só era aplaudido após ser tocado por uma orquestra sinfônica, pois os aplausos eram dirigidos aos músicos da orquestra, mas atualmente virou moda aplaudir mesmo quando a execução é feita por gravação. Esse procedimento é tolerado mas, como pessoa educada, nesse caso, não aplauda. Se a presença de convidados de outro país exigir a execução do hino estrangeiro, ele tocará antes do brasileiro. Postura de igual respeito é devida.

Comportamento em ocasiões de pesar

Dar apoio a amigos, clientes, colegas de trabalho e conhecidos que sofrem perdas de entes queridos é parte importante dos relacionamentos sociais e profissionais. Devem comparecer aos velórios somente os familiares, os amigos, colegas de trabalho mais próximos e pessoas ligadas à família do morto, sendo que, quem comparecer, deve assinar o livro de presenças, colocando o endereço para que a família possa enviar um cartão de agradecimento aos que lhe deram apoio. A saudação mais indicada para esses momentos é "meus sentimentos" ou "lamento muito", sendo que essas expressões vieram substituir o rígido e formal "meus pêsames".

Durante o velório, não é adequado ficar recordando passagens da vida do falecido e nem se deter em cumprimentos demorados com os parentes. Hoje em dia, nas grandes cidades, por temer assaltos, é de praxe fechar a câmara mortuária durante a madrugada. Todos se retiram e voltam pela manhã. Havendo velório por toda a noite, os amigos e parentes devem se revezar, fazendo companhia à família, não deixando que fiquem sozinhos em horas mais tardias.

Para os funerais, valem os mesmos procedimentos adotados no velório. Os parentes carregam o caixão, podendo ser ajudados por amigos mais chegados. Quando não se tem intimidade com o morto ou com a família, envia-se um telegrama de condolências. Aqueles que mantinham relacionamento mais distante não precisam ir ao velório, mas devem ir à missa de sétimo dia. A empresa deve dar toda assistência aos funcionários, principais fornecedores e clientes fiéis, se possível, enviando coroas. É comum amigos se quotizarem para publicação de anúncios nos obituários dos jornais. A família deve agradecer as manifestações recebidas, enviando um cartão. Esse cartão traz uma tarja preta no alto à esquerda.

Relacionamento com a Imprensa

Cada vez mais as empresas querem e precisam aparecer em matérias jornalísticas. Uma reportagem ou mesmo uma nota em um jornal, por exemplo, pode funcionar como um anúncio otimizado, já que existe a vantagem de se contar com a recomendação do veículo. Mas como os dirigentes executivos de uma empresa devem se portar diante dos profissionais de imprensa? Antes de responder essa pergunta, devemos entender que o relacionamento com a imprensa é uma troca, razão pela qual o assunto diretamente relacionado ao trabalho de divulgação jornalística é o que deve ser levado em consideração: é fundamental que a empresa passe a encarar o relacionamento com a imprensa como uma troca salutar para a consolidação de um ambiente que favoreça quem aparece na imprensa, ou seja, um ambiente de credibilidade. De um lado, temos um profissional, editor ou repórter, buscando informações quentes e exclusivas para preencher um determinado espaço em seu veículo e satisfazer a demanda de seus leitores e, assim, vencer a dura concorrência das bancas, das assinaturas e, por extensão, da captação de anúncios. De outro, temos uma empresa portadora de informações em várias esferas como economia, cultura e comportamento e que, em consonância com seu departamento de marketing, quer conquistar espaço no veículo para atingir seu alvo. Sabendo lidar com essa situação, transformaremos a imprensa em uma valiosa aliada e nossa empresa conquistará seu espaço na mídia. O jornalista quer informação objetiva e precisa. Sua missão consiste, basicamente, em captar informações relevantes para seu público, sistematizando-as e hierarquizando-as de modo a tornar a leitura atraente. Para facilitar seu trabalho e, com isso, conseguir maior proximidade, nada melhor do que oferecer-lhe informações atuais, objetivas e precisas. O primeiro passo é atender prontamente o jornalista. Toda e qualquer divulgação deve passar pelo crivo do setor competente para que a imagem da empresa transpareça unificada. As redações têm prazos apertados e, por isso, ao receber uma solicitação de um jornalista, aja com rapidez. Instrua secretárias e recepcionistas a encaminhar rapidamente as solicitações de jornalistas. Se não for possível atender o jornalista naquele momento ou proximamente, deixe isso claro, de modo que o profissional tenha tempo hábil para recorrer à outra fonte. Tente cooperar sempre. Se você não conceder a entrevista requisitada, é quase certo que uma história equivocada será publicada. Portanto, procure atendê-lo o mais rápido possível, mesmo que seja para dizer que não dispõe das informações solicitadas.

Não ligue para um jornalista para agradecer publicação de matéria, por mais que esta tenha agradado sua empresa: o profissional pode achar que está tentando "comprá-lo". Isso não impede que você o elogie caso tenha feito um bom trabalho. Jamais ligue para um jornalista para reclamar que a matéria da qual originalmente sua empresa participaria não foi publicada, mesmo que você tenha concedido a ele uma longa entrevista. Tampouco dê presentes — os chamados jabás — ao jornalista. Embora alguns gostem disso, é crescente o número de profissionais que veem nessa prática uma tentativa de comprá-los.

Caso a entrevista seja filmada ou em um programa de televisão, cuidado com sua apresentação pessoal. Não use roupas com tecidos brilhantes, xadrez e listrados em geral, pois eles chamam muito a atenção e podem dispersar ou incomodar o jornalista e/ou o telespectador. Não use camisetas ou malhas de gola alta, pois elas são a tortura do profissional do som por não ter onde colocar o microfone de lapela. Use meias de cano longo porque as meias de cano curto deixam à mostra sua canela quando estiver sentado ou com as pernas cruzadas.

Evite os trajes brancos ou de cores muito claras, eles tendem a "estourar" sob o efeito de flash ou iluminação de estúdio. Prefira os tons intermediários, exceto o azul, que pode causar o efeito fantasma. Antes de iniciar a entrevista, verifique se seu rosto está suado, seus cabelos estão despenteados, sua roupa desarrumada e a gravata torta. Esses detalhes, além de serem antiestéticos, deixam o telespectador nervoso. Cuidado com suas mãos e procure não falar muito rápido, pois tal atitude demonstra tensão. Para entrar no clima, inspire e expire lentamente o mais profundo possível. No caso de haver fotógrafos, cuidado para que estes não o peguem em situações que podem ser transformadas em constrangedoras.

O entrevistado deve saber a postura correta a se ter. Segundo Pierre Wielde, seu corpo fala o que muitas vezes você não quer dizer. Portanto, fique alerta ao conceder uma entrevista. Sente-se em posição ereta na cadeira. Tenha em mente que sentar na ponta da cadeira significa que você está em retirada, fugindo do assunto, enquanto sentar muito recostado transmite falta de interesse pelo assunto. Braços cruzados funcionam como uma barreira para seu interlocutor e cruzar as pernas na direção da pessoa sentada ao lado significa aproximação, enquanto o contrário significa distanciamento.

Como se portar em uma entrevista: dicas finais

- Tenha sempre à mão um roteiro do que você tem a dizer;
- Procure ser gentil com os profissionais sem, no entanto, bajulá-los;
- Procure encaixar o nome da empresa em cada fala que for possível e pertinente;

- Seja objetivo, atendo-se ao núcleo da notícia que você está transmitindo;

- Dê respostas diretamente ligadas às perguntas. Se não souber uma resposta, admita sinceramente e ofereça-se para descobri-la;

- Nunca descarte uma pergunta com um "sem comentários";

- Cuidado para não aparentar má vontade ao tentar "podar" uma história/informação que lhe pareça desfavorável;

- Transmita informações corretas e precisas, evitando números aproximados, pois isso pode transparecer desconhecimento do assunto ou tentativa de enganar o repórter. Números, aliás, são importantes para os jornalistas. Portanto, apoie-se ao máximo neles;

- Só avance na conversa se o jornalista se interessar pelo núcleo de sua notícia. Daí por diante, acrescente as informações periféricas;

- Use frases curtas, fala pausada e boa dicção. Regra de ouro: pronuncie as letras finais das palavras;

- Alguns profissionais podem não dominar os assuntos abordados na entrevista e, por isso, podem apresentar questões sem nexo. Ainda assim, procure agir com gentileza, convertendo sua ineficiência para informá-lo honestamente e segundo os interesses da empresa. Agindo assim, você ganhará um aliado;

- Caso não queira que certa informação seja publicada, tenha o cuidado de dizer claramente que ela está sendo passada em *off*. Mas, cuidado! Só fale em *off* se conhecer muito bem o jornalista.

Resumindo, como norma de boa educação, devemos cultivar um bom relacionamento com a imprensa. Cumprimentá-los em datas importantes como Natal, Ano Novo e aniversário é mais do que necessário, pois demonstra nosso interesse em manter um relacionamento amistoso com ele. Se você for o entrevistado, facilite o trabalho, ordenando o pensamento e se preparando para as entrevistas. Seja pontual nos horários agendados para entrevistas telefônicas e presenciais. As empresas devem prestigiar os jornalistas em geral e, principalmente, aqueles voltados para as matérias de sua área de interesse.

CONSIDERAÇÕES FINAIS

Hoje em dia, boas maneiras não são foco apenas de diplomatas apegados a protocolos nem de pessoas que só querem aparecer nas colunas sociais. As grandes corporações são as maiores clientes das consultorias de etiqueta empresarial pois, embora a maioria dos executivos e profissionais que nelas trabalham sejam possuidores de reconhecido saber técnico-profissional, sentem enormes dificuldades quando saem da empresa para se relacionar com o mundo. Como não dominam a arte de saber se comportar corretamente em todas as ocasiões, os erros que cometem ficam claros. Esses erros se tornam visíveis na aparência pessoal, nos gestos, na entonação da voz, no palavreado, no comportamento, nos apertos de mão, na troca de cartões de visita, na conduta nos elevadores e mesas de restaurantes, no uso do telefone convencional ou celular e outras situações.

As pessoas que não dominam a etiqueta empresarial, na maioria das vezes, nem se dão conta das gafes que cometem, mas denunciam sua falta de traquejo e refinamento, prejudicando sua carreira e arranhando a imagem da empresa onde trabalham.

Espero que as dicas e sugestões sobre marketing pessoal e etiqueta empresarial trabalhadas neste livro possam ser de grande utilidade no seu cotidiano social e profissional e uma poderosa aliada em sua trajetória rumo ao sucesso.

REFERÊNCIAS BIBLIOGRÁFICAS

ARAUJO, Maria. Etiqueta Empresarial. SP: Qualitymark, 2006.

ARRUDA, Fábio. Eficiente e Elegante. RJ: Editora ARS, 2012.

CALLIÉRES François de. Como negociar com príncipes: os princípios clássicos da diplomacia e da negociação. Introdução de Charles Handy. Tradução Cristiana Serra. Rio de Janeiro: Campus, 2001.

CARVALHAL, Eugenio do. Negociação e Administração de Conflitos... [et al] – 3.ed – Rio de Janeiro : Editora FGV, 2012.

COHEN, Herb. Você pode negociar qualquer coisa. Rio de Janeiro: Record, 1980.

CHRISTOFER, Elizabeth M. Técnicas de Negociação. São Paulo: Clio Editora.

HABARA, Inês B. Yajima. São os Japoneses Realmente Diferentes? O que as mascaras culturais escondem. Rio de Janeiro: Grifo, 1996.

KALIL, Glória. Viajante Chic! Dicas de Viagem por Glória Kalil. Rio de Janeiro: Agir Editora, 2012.

KOEGEL, Thimothy J. Como se tornar um comunicador fora de série [tradução de André Costa]; Rio de Janeiro: Sextante, 2011.

LEÃO, Danuza. É tudo tão simples. RJ: Editora Agir, 2012.

MATARAZZO, Claudia. Etiqueta sem frescura. RJ: Editora Planeta do Brasil, 2012.

MENEZES, Maria João Saraiva. O Pequeno livro de etiqueta e bom senso. RJ: Editora Leya, 2012.

PEREIRA, Ney. Seja um professor nota 10: Como dar aulas interessantes para jovens e adultos utilizando ferramentas de comunicação. RJ: Editora Livre Expressão, 2011.

PERUZZO, Marcelo. As três mentes do neuromarketing. Curitiba: Editora IP2 Marketing de resultado, 2013.

RIBEIRO, Lair. O sucesso não ocorre por acaso: é simples, mas não é fácil. RJ: Editora Objetiva, 1993.

RIBEIRO, Lair. Pés no chão, cabeça nas estrelas. RJ: Editora Objetiva, 1993.

SAMPSON, Eleri. 30 minutos... para causar uma boa impressão. SP: Clio Editora, 2001.

VIEIRA, Maria Cristina de Andrade. Comunicação Empresarial: etiqueta e ética nos negócios. SP: Editora SENAC SP, 2007.

URY, William L. Supere o não – Rio de Janeiro – Editora Best Seller.

WEIL, Pierre, TOMPAKOW, Roland. O Corpo Fala: a linguagem silenciosa da comunicação não verbal. Petrópolis: Vozes, 1986.

ÍNDICE

A

Abotoamento 30, 31, 34, 35
Almoço 15, 71, 128, 137, 150
Anfitrião 93, 126, 132, 152, 162, 166
Aperto de mão 22
Apresentação oral 118
  palestra 118
  seminário 117
Atraso 11, 13, 76

B

Bagagem 73, 77, 91
  de mão 75, 77, 81, 83, 88
Bermuda 51
Biótipos humanos 26
Boa educação 2, 12, 79, 125, 153, 161, 170
Bolsa 19, 55, 62, 67, 71, 75, 91

C

Cachecol 27, 55
Calça 29, 58
  cós 49, 51
  jeans 29, 33, 37, 41, 48, 55, 61, 68, 76
Calçados 28, 50, 52, 54, 61, 77, 89, 96
Camisa 29
Cartão 13, 128
  comercial 14
  de visita 13, 15
Cinto 29
Colarinhos 4, 31, 42, 45, 66, 76

Comemorações 61, 161
Comidas Exóticas 142
Comportamento adequado 9, 97
Convites 13, 14, 16, 162
  POUR MEMOIRE 17
  RO 17
  RSVP 16, 17
Coquetel 79
Cruzeiro 78, 83
  comandante 78, 81

D

Desembarcar 9, 85
Documentação 82, 91
Domina um assunto 109

E

Elegância 2, 8, 25, 30, 34, 45, 58, 64, 69, 96, 134, 150, 164
Embarcar 79, 83, 92
Entrevista 24, 42, 168, 169, 170
Etiqueta 1, 37, 63, 78, 86, 93, 130, 133, 142, 163, 171
Eventos 3, 15, 34, 40, 61, 71, 76, 99, 132, 136, 162

F

Falar Bem em Público 101
Falta de educação 3, 10, 13, 87, 93, 165
Formal 16, 33, 54, 58, 67, 76, 138, 159, 167

G

Gafes 17, 23, 156, 162, 171
Gravata 18, 24, 30, 35, 39, 46, 57,
60, 66, 169
Guarda-roupa Funcional 28

H

Hierarquia 11, 79, 136, 138, 141,
162, 166
Hospedar 96, 99
hóspede 84, 86, 93
hospedeiro 93

I

Imagem pessoal 9, 21, 25, 64, 118
Imprensa 167
Informal 24, 60, 111, 145, 152, 156

J

Jantar 15, 79, 94, 128, 134, 138,
142, 149

K

Kit de viagem 89

L

Linguagem Corporal 21, 24

M

Marketing 7, 101, 174
Pessoal 7, 21
Profissional 101
Medo de falar em público 104
Meias 52
Memória 120, 124
memorização 15, 121

Micos 17, 71, 115

N

Nós 39
borboleta 47
duplo 43
meio Windsor 45
pequeno 46
simples 43
Windsor 45

O

Ocasiões de pesar 15, 166
Orador 102, 108, 113, 119
Outros Tipos de Alimentos 150

P

Paletó 18, 29, 41, 50, 58, 61, 68,
81, 126
Posturas corporais 23
Presentear 159

R

Regras de convivência 92

S

Segurança 3, 21, 22
insegurança 23, 96, 105
Serviços 133
à americana 133
à brasileira 133
à francesa 133
à inglesa 133
Show 114, 119
Smoking 30, 47, 58, 62, 79

T

Terno 25, 29, 34, 41, 48, 52, 58, 61, 67, 76, 81, 117
  feminino 58
Tipo de rosto 65
Traje 16, 25, 42, 48, 52, 58, 66, 79, 117, 162

V

Viagem 56, 73, 84, 97, 122, 130
  de Avião 86
Visagismo 64

Este livro foi impresso nas oficinas gráficas da Editora Vozes Ltda.,
Rua Frei Luís, 100 – Petrópolis, RJ.